望む未来が手に入る
最強アファメーション 33

夢を叶える
宣言力

はせくら みゆき

きれい・ねっと

装画　はせくらみゆき

内なる叡智から届けられた「魔法の杖」

新装改訂版発刊によせて

はせくらみゆき

この度、14年の時を経て、かつての単行本『アイムパーフェクト！―あなたの中のパワースポットとつながる方法』が、装いも新たにリニューアルされることとなりました。

それが本書『夢を叶える宣言力―望む未来が手に入る最強アファメーション33』です。

10年以上も前の本を、今さらなぜ？　と思われるかもしれませんね。

きっかけは、本書がある YouTube 番組で紹介されたことでした。大きな反響があったようで、ご覧になった方々から「読みたいのですが、どこで入手できますか？」というお問合せを数多くいただきました。

でも、すでに絶版状態になっていたため、出版元に問い合わせてみたところ、残念ながら「再販の予定はないので、必要であれば他社でご出版ください」とのことでした。

そこで私は、アトリエにある本棚の奥にしまい込んでいた『アイムパーフェクト！』を手に取り、久しぶりにじっくりと読み込んでみることにしました。

そして読み終わって驚いたこと、それは、伝えている内容が、今とほとんど変わっていないということです。まぁ、よく言えば、「一貫性がある」ということなのでしょうが、進化していないと言われれば、それもそのとおりですね。

けれど、私としては、心の奥で感じている、大切だと思うことは、時は流れても変わることはないんだなぁと感慨深く思ったのでした。

さて、私が長年、大切にしているもの――それは「いのちの歓び」から生きる、ということです。

幼い頃から共感覚があり、人とは異なる感性を持っていた私にとって、世界は不思議だらけでした。生きやすいか、生きにくいかという軸で見るならば、決して生きやすかったわけではありません。

けれども、そんな中で、いつも私を導いてくれたものがありました。
それは、内なる叡智《えいち》の声――自らの深い部分から湧き出てくる声なき声でした。

時に厳しく、時に優しく励まし、道標《みちしるべ》となってくれる「想いの声」は、師匠のようでもあり、親友のようでもありました。
そして私はそれを、言葉に出して、自分によく聴かせていたのです。

なぜ、言葉にしていたのかというと、声なき声の段階では「想い」のままで、聞き取ることはできないけれど、声として発した途端に、この世界（三次元空間）に立ち現れてくるからです。

それはとてもパワフルで、方向性と意志を持った概念の波（周波数）でもあります。

のちにそれが、言葉の本質である「言霊《ことだま》」であることを知ることになるのですが、当時は知る由《よし》もありませんでした。ちなみに、言葉とは、「事・場」でもあり、事（出来事・事象）と場（フィールド）を創る、現象の種を加速させる作用（力）を持ちます。

14年前に刊行された『アイムパーフェクト！』は、まさしく、内なる叡智から届けられた言霊であり、良き方向、望む未来を手に入れるための「魔法の杖」でもあったのです。

後半に書いてあるアファメーション……、たとえば、「アイム パーフェクト！　私は素晴らしい！」や、「喜んでくれて ありがとう」、「できるやれる 必ずそうなる！」などの33のアファメーションは、シンプルながら力強い「魔法の杖」役を果たします。

私も久々に、それらすべてを宣言してみました。すると、ぐんぐん安心と喜びの想いで心が満たされていくのを感じ、我ながらびっくりしました。

そして、それを何度か繰り返していくうちに、次第に、もう手に入らないこの本を、再び皆様にお届けすることはできないだろうか？　という想いが湧き上がってきました。エゴで進むのは嫌だったので「どうぞなるように なりますように」とのアファメーションを唱えつつ……。

こうしたプロセスを経て、ついに新装改訂版として本書が発刊される運びとなりました！　手がけてくださった出版社は、魂の成長と気づきを促す良書を数多く刊行されている「きれい・ねっと」です。

「今の時代だからこそ、必要なメッセージを、心を込めて届けたい」と語る「きれい・ねっと」代表の尚ちゃんこと山内尚子さんの誠実な編集を経て、再び、書籍に灯がともりました。まるで、長き眠りから目覚めたかの如く、本書の言葉たちに、いのちが吹き込まれていったのです。


リニューアルに際し、しっかりと内容を吟味し、細かな改訂を施したのですが、とりわけ、タイトルを変えさせていただきました。というのは、当初、〝内なる叡智〟から何度も伝えられていた言葉―「宣言力」を、書籍名に掲げることにしたのです。

もちろん、サブタイトルの中にある「アファメーション」という言葉も使っているので、ダブルスタンダードではありますが、メインタイトルとしての「宣言力」は、凛《りん》とした清々しさと強さを感じる、日本語ならではの表現となりました。

どうぞ、あなたの「宣言力」を遺憾《いかん》なく発揮して、人生がますます豊かに栄えますように。

あなたもまわりも世界も、ますます素晴らしきものとなりますように。

本書の内容が少しでもお役に立つことができましたら、嬉しく思います。

はじめに

あなたにも望みを叶えて幸せになるパワーが在る

「人生って大変。だから頑張らなくっちゃ」

私は今まで、ずーっと、このように思っていました。

頑張って、頑張って……、そうしたらある日、本当に大変なことが起こって、身体の半分が動かなくなってしまいました。

でも奇跡的に回復し、第二の人生が始まりました。そして、その日を境に「あること」をしてみたんです。すると、人生が劇的に変わっていきました。

夢がどんどん叶うようになり、あらゆる種類の豊かさがやってくるようになったのです。特に頑張ったわけでも、無理したわけでもないのに……。

それ以来「人生ってステキ。楽しい！」と思うようになり、今に至っています。


何をしたかって？

それは、自分のしたいこと、こうだったらいいなと思うことをはっきりくっきり宣言して進んでみたんです。

すると、人生がガラリと好転してしまった、というわけです。


たった、それだけ？　なんて思われそうですが、本当にそれだけです。

とってもシンプルで、驚くほど効果的、やろうと思えばいつでもできます。

そして、私は気づきました。

人はもともと、ちょっとした言葉と意識の使い方で、いかようにも変容させることができる、底知れないパワーを持っている存在だった、ということに。

変化を起こす起爆剤は、**「宣言すること」**。

なので、私は親しみを込めて、この**「はっきりくっきり言い切ることで現実変容を起こせる力」**のことを**「宣言力《せんげんりょく》」**と名づけ、以後ずっと意識的に使うようにしています。

私たち人間は、本来生まれながらにして、豊かでパワフルな存在です。

このヒトの本質につながると、私たちの望みはおのずと叶うようになっています。

でも今まで、どうやったら、そうした意識の場所までつながれるのか、わかりませんでした。

何か特別な修行とか、「悟《さと》り」のようなものが必要なのかと思っていたんです。

でも実は、**宣言力を使うことで、本質に楽々とアクセスすることができるのです。**

私はこのことを知ったとき、本当に驚きました。

あまりに身近すぎて、簡単すぎて、今まで気がつかなかったのです。

けれども、何度やっても、いつやっても、誰がやっても、同じように効果が出ました。だから、どうぞ安心してください。


誰かに、何かに頼らなくても、あなたの夢を叶える力は、すでにあなたの内側にあって、成就《じょうじゅ》の時を待っていたんです。

あなたがすることは、その内側とつながることです。

内側とつながれば、最もよいことが、最もよい形であらわれるようになります。


そのコツは、「宣言力」を利用することです。

もう〝起こること〟に、いちいち振りまわされる必要などありません。

自らの言葉と意識で、人生にＹＥＳと言い、あなた自身が主導権を握って、舵《かじ》を取っていくことが可能なんです。

あなたは、決して人生の「犠牲者」などではなく、自らの人生における「創造者」である。これが真実です。

どうぞあなたの人生が、喜びと感動に包まれた素晴らしいものでありますように。

すべてにおいて豊かで、皆、栄えていきますように。

「宣言力」は、あなたの創造的人生を応援します。

はせくらみゆき

もくじ

第3章

「私」を愛したとき、すべてが変わる

——願いを叶える宣言力のベースにあるもの

第4章

あらゆる願いに効く状況別「宣言力」
——最高の「幸せが続く」最強アファメーション33

第1章

あなたに「必要なもの」が舞い込む方法

――あなたに在るパワーとつながれば、望みどおりの人生に変わる

RULE 1

「今を変えたい」なら、まず宣言してみる

「我々は～、スポーツマンシップにのっとり～、正々堂々、戦うことを誓います！」

……ってコレ、競技の開会式などでよく聞く選手宣誓。

筋骨隆々の若者が、シャキーンと背筋を伸ばして宣言する姿って、いつ見ても爽《さわ》やかでカッコいいですよね。

このように、**自分の望む方向、望む現実に対して、はっきりくっきりと言い切る力を「宣言力」と言います。**英語では**アファメーションの力。**

まず、言葉でしっかりと明確に宣言すること。

その言葉を、自分と周囲にスパーン！　と放っていくのです。

ここからすべてが始まります。

とはいえ「言ったものの三日坊主で終わってしまったらどうしよう?」とか「もし叶わなかったらどうしよう?」という不安が、もたげてくるかもしれません。
でも私流に言わせていただければ、「そんなのまったく気にしなくていいんじゃない?」です。

大切なのは、「そうしたい」あるいは「なりたい」と、強く願っている自身の**思いがある**ということ。
その**思いが続くかぎり、いつかは必ず目的地にたどり着く**わけですから、繰り返し宣言して進めばいいんじゃないかしらって思うのです。

だって**「できないかも」という怖れに身を屈して生きるより、「やりたいこと」「叶えたいこと」を先にパーン! と提示・宣言してしまって、思い描いた大小さまざまな夢を実現化していくほうが楽しい**ですもの。
思いだけがぐるぐるめぐってしまったり、考えすぎて動けない、なんていうのはもったいない！

まず、「こうしたいな〜」「こうだったらいいな」という**自分が思い描く理想形を、先に言葉で言い切ってしまいましょう！**

思いをまとめたり、行動するのは、そのあとでかまいません。

最初に〝言葉ありき〟です。

言葉は、クルマでいえばハンドルのようなもの。ハンドルさばきがしっかりしていたら、どんなデコボコ道でもしっかりと先に進むことができますよね。

このように、**人は「言葉」というハンドルを使って、「身体」という車体に、「思い」というエンジンを搭載して、人生行路を歩むようにできている**んじゃないかな、と思います。

あなたの思い描く理想形はどんなですか？

どんな家に住んで、どんな家具に囲まれていたいですか？

どんな人間関係の中で、自分を最高の笑顔にさせたいですか？

どのくらいの収入があったら、気持ちよく暮らせますか？

自分のどんな能力が発揮されて、社会に役立てたいですか？

あなたの理想のボディはどんな姿ですか？


自分のありたい未来の姿、理想形を思い描いてみましょう。

思い描いたら、まずは次々と言葉に出して言ってみましょう。

思いつくままに言葉に出したら、なるべくそれを言いやすい形でシンプルにまとめて、はっきりくっきり言い切ってみてくださいね。


ちなみに、**「はっきり・くっきり」とは、「明確・明瞭」であるということ**です。

自ら放った思いを、クリアで的のしぼられたパワフルな言葉に置き換え、宣言することで、思い描いた内容を実現化するための、最初の一歩とするわけです。

その意味では、「宣言すること＝行動すること」となり、思い・言葉・行動の三態を統合するパワフルな力（エネルギー）であるといえます。

確かに、宣言しなくても進むことは進むでしょうが、**宣言力を使うことによって、より効果的に、加速度的に現実変容を起こすことが可能なのです。**

さあ、あなたは、どんな未来を創っていきたいですか？

RULE 2

二方向に宣言すると「いい方向」に進む

はっきり、くっきり言い切る力を「宣言力」と言いましたが、それでは自分のなりたい姿、ありたい方向に対して宣言するとき、いったい誰に対して、宣言したらいいのでしょうか？

答えは、二方向に向けて言う。

つまり、自分と他人を含めたまわりに対して、宣言するといいのです。

「自分」とは、自分自身の心に対して、つまり自らの「意識」に向かって高らかに宣言し、命じるわけです。

「まわり」とは、あなたが言っておきたいと思う人や、モノ、空、大地を含めて、自分以外のものすべてに宣言し、それが成就できるように応援を請《こ》うのです。

もし、あなたが照れ屋さんで、まわりの誰かに言うのが恥ずかしいのであれば、あえて言葉にしなくてもかまいません。ひそかにコツコツやりながら叶っちゃったなんていうのも、日本人の美意識にも合って素敵ですもの。

でも、それがなかなかできないのなら、思い切って恥も見栄も捨てて、周囲の人に宣言してしまったほうが効果的ですよ。

だって、自分がもし忘れてしまったり、やめてしまっても、まわりは意外と覚えていて、「そういえば、アレ、どうなったの?」と教えてくれますから。

もし、その宣言(アファメーション)が、すっかり過去のもので、いまは興味がなくなったものであれば、「あはは〜、アレね、もうやめたのよ」と笑い飛ばせば、そこで終わります。

また、人以外にも聴かせるということで、〝モノ、動植鉱物、空、大地を含めて、自分以外のものすべて〟に宣言することで、見えない世界の応援を請います。

ここでいう見えない世界とは、なにも霊ちゃんとか、守護霊さんとか、そういうことではなくて、物質のモトとなる原子さんとか素粒子さんとかの世界に向かって（たしかに眼には見えないでしょ）、高らかに宣言してみましょうっていうことなんです。

なぜなら物質の元をさぐっていくと、どうやら時間も空間もなく、誰とか彼とかの区別もなく、すべてはエネルギーでできているということがわかってきているのですね。

その**根源のエネルギーそのものに向かって、「私、こうなりたいのよ。よろしくっ！」って事前にお願いしておくと、不思議といい方向に進みやすくなる**んです。

RULE 3

みんなの心に在る三つの意識

「自分」のココロに向かって宣言するときは、「三つの意識」に同時に届くように、スパーンと言い放てばいいわけです。

三つの意識とは、「顕在意識」「潜在意識」「超意識」のことです。

顕在意識とは、私たちが知覚できる意識のこと。私たちが普段、心や感情と呼んでいるものは、この領域に入ります。

顕在意識があることで、私たちは「自我」という「自分が自分である」という認識を生み、個々のアイデンティティやパーソナリティを生み出しています。

この領域は、飛行機でいえば操縦桿《そうじゅうかん》のようなもので、自分の意志や願い、願望を意図的に生み出すモトとなる「目に見える」ココロの世界です。

二つ目の意識である**潜在意識**は、普段はなかなか知覚することができない意識です。あなたの幼いころの記憶はもちろんのこと、通りかかっただけの風景や、さまざまな記憶の断片を含めてさまざまな記憶が、いま現在も、更新&蓄積されている意識の領域なのです。

ここが深まるにつれて、あなただけの記憶だけではなく、他の人や、花や猫や鳥、星々に至るまでもが混然一体となって、データ保存されているのです。

そう、潜在意識とは、つまるところ宇宙が創成してから今に至るまでの膨大な情報量が保存されている**巨大な記憶の貯蔵庫**なのです。

ということは潜在意識下では、私とあなたも、鳥とゴキブリも太陽も、みーんな同じようにつながっていく、というわけ？

うーん、にわかに信じられないけど……。

でも、考えてみたら、私たちの細胞内にあるＤＮＡとかも、二本のヒモのなかに、宇宙創成以来のすべての情報が内包されているらしいから、やっぱり世の中って、見えない世界ではつながっている、ということなのかなぁ……。

そして、この潜在意識というデータバンクは、顕在意識にとっての忠犬ハチ公のような役割を果たしてくれます。

つまり、あなたが抱いた顕在意識の願望を、それがどのような願いであれ、そのまま叶えようと働いてくれる素直な子犬ちゃんなのです。

さて、最後にあるのが**超意識。**

日々の暮らしの中に埋没してしまうとなかなか知覚しづらいのですが、深い眠りの状態のときや、瞑想しているときなどに垣間見ることはできます。

この意識までくるともう本当に、私とか彼とか、花とか、星とか、分けていくことのできない意識の領域なのだそうです。

しかも、ここは物凄いパワーと精妙さ、豊かさが内包しているイノチの源《みなもと》のような場所なんですって。

人は古来より、この意識の最奥部をいろんな名前で呼んできました。
「神《かみ》」や「魂《たましい》」だったり、「本質《ほんしつ》」「神性《しんせい》」「仏性《ぶっしょう》」「神意識《かみいしき》」「内なる叡知《えいち》」「普遍意識《ふへんいしき》」「真心《まごころ》」「サムシング・グレート」「無《む》」「純粋《じゅんすい》なる知性《ちせい》」「タオ」「大我《たいが》」「神聖《しんせい》なる智慧《ちえ》」「内在《ないざい》のキリスト」などなど。
それぞれの文化や宗教、慣習などに合わせて、バリエーション豊富に言われてきました（本書ではおもに、この意識の最奥部を「内なる叡知」と表現しています）。

余談ですが、私はこのことを初めて知ったとき、あまりにも感動して、しばらくボーっとしてしまいました。カミサマって遥か彼方、どこか遠い世界にいるものだとばかり思っていたら、自らの、そしてほかの人にも同じように、心の奥深くにちゃーんといてくれたんだ、って思ったんです。

脱線ついでにいうと、これらの三つの意識の図をじーっと観察していたら、何かに似ている……と思いました。

それは、地球内部の図。

表面の意識——顕在意識が地表部分で、潜在意識はマントル。そして超意識が核《かく》というわけ。しかも、外核が超意識なら、内核が神性意識。

ねっ、似てません？


さて、三つの意識がそろったところで、本題に戻しましょうか。

自分の望む在り方を、誰に向かって宣言するか？

それは、自分とまわりに対して、でしたね。

「自分に」というのは、自分の内側にある三つの意識——顕在意識と潜在意識と超意識に向かって同時宣言すること。

「まわりに」というのは、他者を含めたすべての存在に対して宣言することです。


こうして、自分の内側と周囲、双方向に聞かせてあげることで、宣言したことがググッと効いてきますから、どうぞお楽しみに！

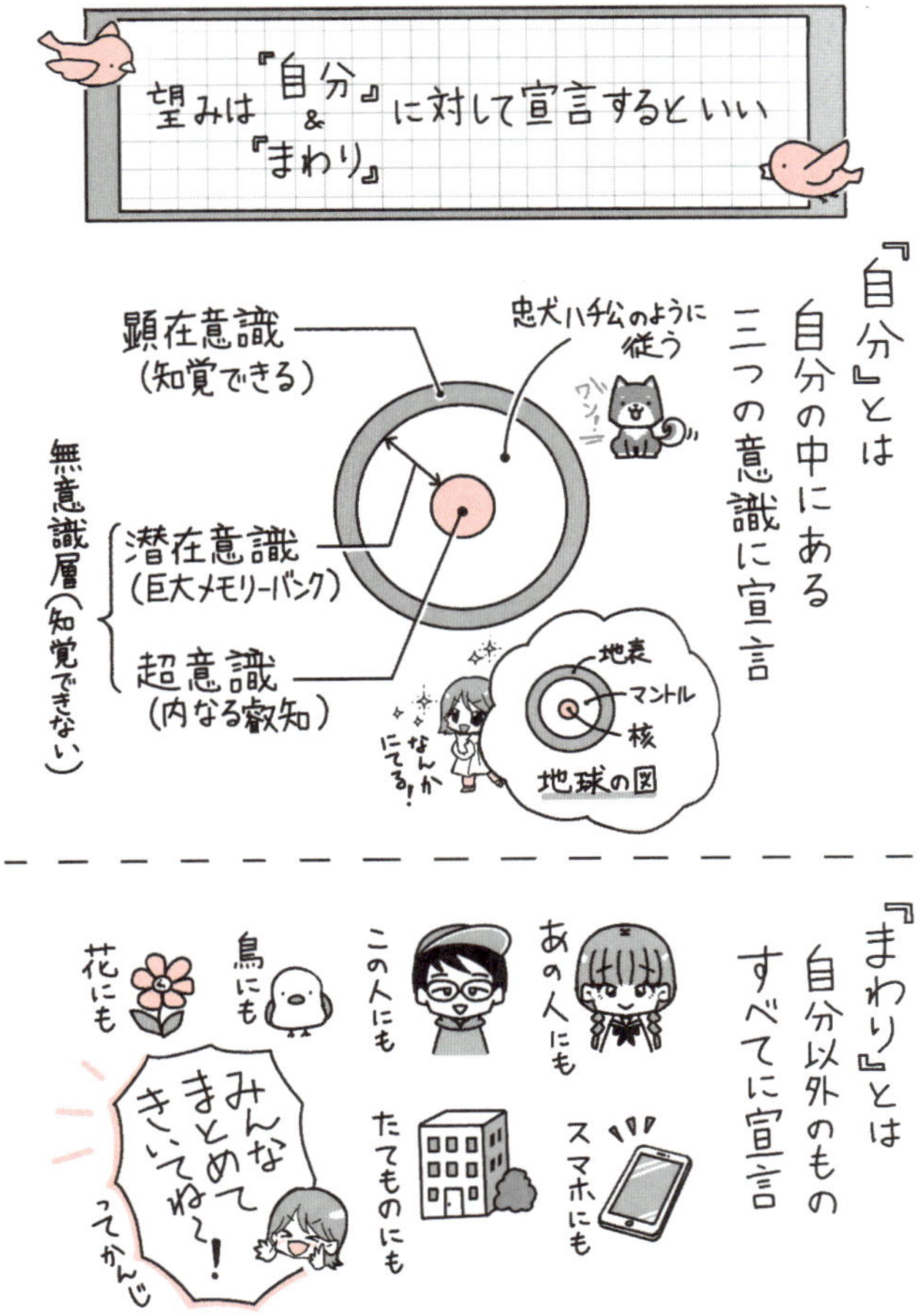

RULE
4

言葉に宿るパワーを上手に使うコツ

言葉にはパワーがあります。とりわけ日本では、昔から言霊《ことだま》といって「言葉の一音一音に神が宿る」というふうに考えられてきました。

万葉の歌人である山上憶良《やまのうえのおくら》は、『好去好来《こうきょこうらい》の歌』の中で、このような歌を詠《よ》んでいます。

神代より言い伝えて来らく　そらみつ倭《やまと》の国は
皇神の厳しき国　言霊の幸《さき》はふ国と
語り継ぎ　言い継がひけり

言霊の幸はふ国――そうなのです。日本に住み、日本語を語る私たちは、言霊の幸はふ国、つまり言葉の持つパワーが充分に発揮されやすい国に住む民族なんだよってことなんですね。

世界中の言語の中で、日本語ほど母音と子音が美しく、はっきりくっきり分かれ、整列している言語はないのだそうです。一説によると、母音は物事を生成していく力を生み、子音は物事を現象化していく力を生み出す、と言われています。

また、古代文献のひとつであるホツマツタヱ（秀真伝）では、五母音の持つ音の質を次のように伝えています。

あ　○　ウツホ（空）
い　几　カゼ（風）
う　△　ホ（火）
え　己　ミヅ（水）
お　口　ハニ（土）

わかりやすくいうと、私たちが語る母音そのものが、宇宙の五大要素、つまり自然界を構成している五つのエネルギーとつながっており、その言葉を発するだけで、こうした力の元がむくむくと湧《わ》き出てくるんですよーってことなんです。

では、世界では言葉をどうみているかというと、世界中で一番多く読まれている永遠のベストセラー『聖書』には、あの有名な一節が……。

はじめに　ことばがあった
ことばは　神と共にあった
ことばは　神であった

――ヨハネによる福音書

このように、言葉の持つ力は古今東西より、ずっと言われ続けてきたんですね。

とはいっても、行動のほうがパワーあるじゃん？　なんていう声が聞こえてきそうです。

確かに、そりゃそうです。口で言うだけよりも、行動を伴ったほうがパワフルですし、影響もその分増します。ですから、こう考えたらどうでしょう？

「思い」を形にしたのが「言葉」であり、
「言葉」は最初の「行動」である、と。

「語る」というのは、立派な行動（行為）の第一歩です。

そして「言葉」は、「思い」と「行動」を結ぶ連結器の役割も果たします。

ぜひ、「言葉」の持つ力を味方につけて、「行動」のパートナーとし、あなたの望む目的地まで、確実にいざなってもらいましょうね。

RULE 5

宣言すると〝動き出す〟力のしくみ

さて「宣言力」は、言葉の力を最小限の負荷で最大限の効果が出るようにググッと凝縮したパワフルな現実化促進の言霊パワーなのですが、なぜ効果があるのか、別の視点からも考えてみましょう。

まず、生物学的視点から。

私たちが何かを思うと、「神経ペプチド」という物質が生まれ、化学物質が交換されます。はっきりと語る（宣言する）ことで、その思いがさらに強化され、神経伝達物質の活動も活発になると考えられます。

つまり身体というのは、あなたの思いや言葉を正確に映し出すフィードバックシステムを搭載している、優秀な生体コンピューターのようなものなのです。

簡単にいうと、明確で明瞭な言葉を放つアファメーション（宣言）は、あなたの身体に指示出しをして、六〇兆個もの細胞さんたちに、「さ〜あ、ご主人様はこうしたいんだって！　だから従ってちょうだ〜い」って命じているのです。

次に、心理学的視点から。宣言力を使うことで、**自分の視点がはっきりとし、意識化できる**ようになります。

また、対象物が明確になることで、**目的地に向かいやすくなる**と考えられます。わかりやすくいうと、ゴールがよく見えてモチベーションも上がるということ。

そして、明確明瞭な言葉によって、知覚できる意識だけではなく、無意識層まで届いていきます。それは、深層に行けば行くほど、よりマクロで精緻《せいち》な変容を起こすことが可能であると考えられています。

最後に、量子学的視点から。すべての物質は原子からできており、その元は素粒子（クォーク、レプトン、ゲージ粒子など）といいます。

これが集まって、人間の身体も、空も、鳥も、宇宙もできています。素粒子たちは時間も空間も軽々と飛び越えて、自由に、そして活発に飛びまわっています。

私たちが何も考えていないときは、この素粒子たちは、ばらばらと自由に飛びまわっているだけで、「塊《かたまり》」にはなっていません。

けれども、何かを考え始めたとき、そこに素粒子たちが集まってきて、流れが生まれたり、集まりが生まれたりします。

やがて、考えがまとまったときは、素粒子たちの考えも一定方向の流れが生まれ、ゆるやかな塊となり、素粒子が集まった**思いのエネルギー量子**になります。

あなたが「宣言」という行為をすることで、エネルギー量子となった素粒子たちひとつひとつの回転数が上がり、よりパワーアップして、成就することを促進するのです。これはまだ仮説の段階ではあるのですが、私は体感として本当なんじゃないかな、と感じています。

ちなみに、この「素粒子さんに宣言して願いを叶える」実験をいろいろとやってみましたが、ダイエットから病気まで効果は絶大でしたよ！

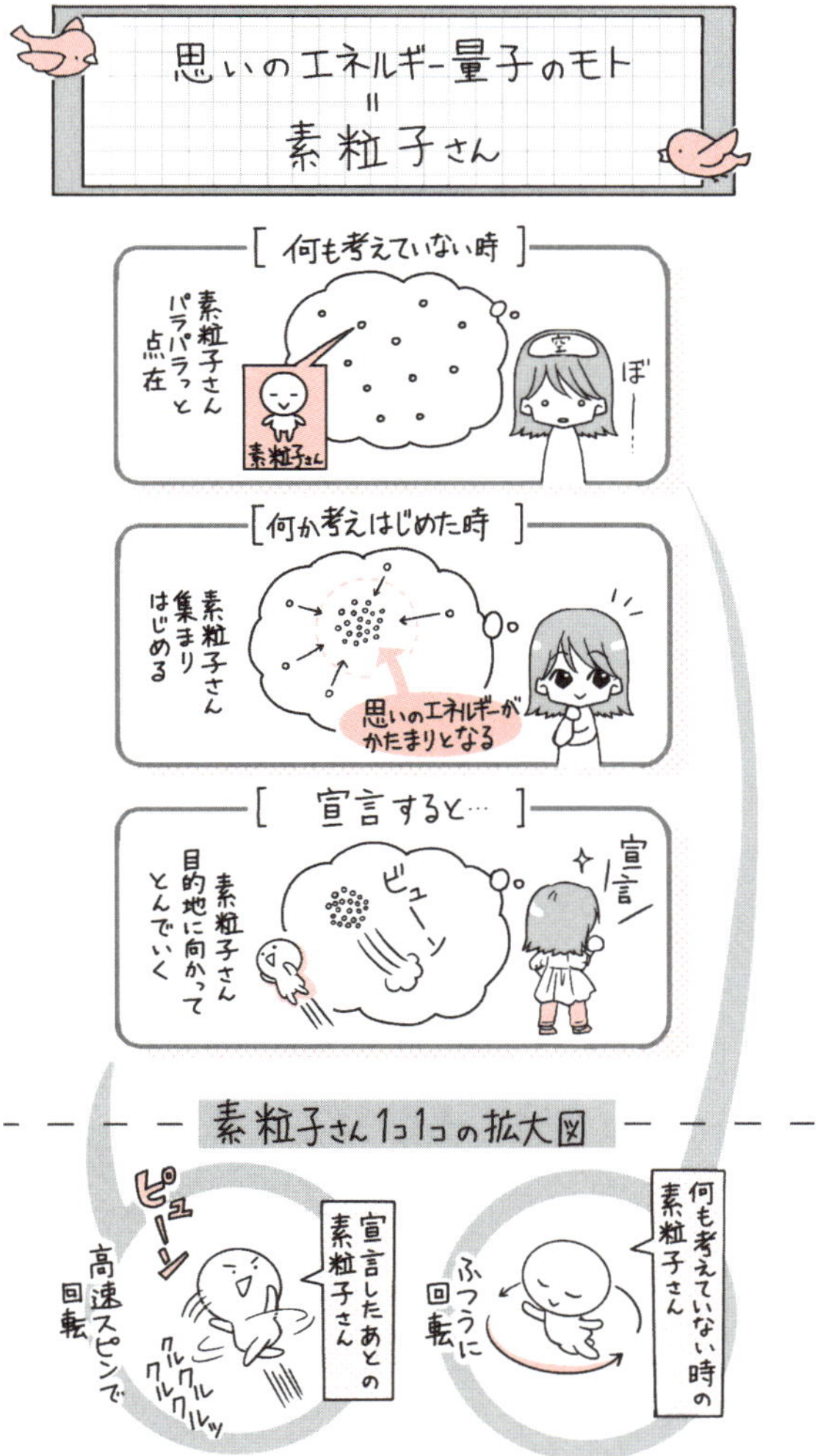

RULE 6

「進みたい」方向に、こう宣言してみよう

では実際に、宣言をしてみましょう！

宣言する内容は、大きなものから小さなものまで何でもＯＫ。

こうなりたいな、こうしたいな、こうだったらいいな、と思ったことを言葉に出して言ってみればいいのです。

その宣言が成就するのに効果的なコツは次章でお伝えしますので、まずは自分が望む思いの方向を言葉として表してみる、ということから始めましょうね。

日々の中で、すぐに使える宣言の一例をあげてみます。

【朝起きたとき】

素晴らしい朝をありがとうございます
今日も、私も家族も出逢う人も、皆が幸せでありますように
今日一日が感動感激のミラクルな日でありますように

【顔を洗うとき】
私って、かわいい！
私って、素敵！
いい笑顔、サイコー！

【食事をいただくとき】
天地の恵み、人の愛に感謝します
この恵みが、私をますます元気にさせます
or
美味しい食事をいただきます！

【人と会うときに】

出会いに感謝します
あなたとわかち合う時間が素敵なものとなりますように
出逢ったあなたが、ますます幸せでありますように

こんな感じで宣言してみると、起こる現実のひとつひとつがシャキッ！と締まって、言ったことが叶いやすくなるんですよ。

できれば、実際に声に出すのが効果的ですが、ありありとイメージして、しっかりと明確に「思う」ことだけでもかまいません。

ただ、どうしても叶えたい願いに関しては、口に出して、繰り返し言ったり、書いたり、貼ったりして、意識化しやすいようにするのがオススメです。

ほら、受験のときに「〇〇大学（高校）合格！」とか「必勝！」なんて、机の前に貼ったりしますよね？

知らず知らずのうちに、私たちは「宣言力」のパワーを使っていたんですね。

RULE 7

すべてが好転する最強アファメーション

では、この章の終わりに、私が一番気に入っている、とっても良く効いて、万能なアファメーションをお伝えしますね。なぜか英語なんですけれど（笑）。

その言葉は……「I'm Perfect !」

「アイム パーフェクト！ 私は素晴らしい！」と、スパーンと言い切るんです。

この言葉はとても力強いアファメーションで、超意識の奥の奥にストライクど真ん中で入る魔法の宣言なんですよ。

使い方としては、

朝起きて、アイム パーフェクト！ 私は素晴らしい！
（と言って、素敵な一日をイメージ）

ご飯を食べるときにも、アイム パーフェクト！ 私は素晴らしい！
（と言って、どんなに食べても太らないイメージ）

体調が悪くなったときにも、アイム パーフェクト！ 私は素晴らしい！
（と言って、元気になっているイメージ）

人間関係がこじれたときも、アイム パーフェクト！ 私は素晴らしい！
（と言って、仲良くなっているイメージ）

などなど、いろいろと応用できますよ。

私の場合、よりしっかり思うために、この言葉をとなえてから、一回ぴょんっ！と飛ぶことにしています（人がいたり、電車の中とかでできないときは、かかとを一度上げて下ろします）。

「ぴょん」と飛ぶ前の自分は、「まだ願いが実現していない状態」で、「ぴょん」と飛んだあとの自分は、「すでに願いが叶ってしまった状態」だって決めているんです。それでおしまい。ほら、ラクでしょ？

第2章

宣言力を使えば望む未来が手に入る

――宣言力を加速させる「4つの力」と「1つの魔法」

RULE 8

宣言力を加速させるコツ①――イメージする力

願いが叶った自分をイメージできていますか？

あなたが、なりたいもの、ありたい姿、こうなったらいいな、というものをアファメーション（宣言）するときに、一番ベーシックで最も手っ取り早く効果的なのは、**すでにそうなっている姿を、ありありと具体的にイメージすることです。すべての創造（クリエーション）は、まずイメージすることから始まります。**

大空を見上げてゆうゆうと飛んでいる鳥を見て、自分たちも同じように空を飛んでみたいと思ったその気持ち（願い）が、飛行機を生み出したように。

あるいは、水を飲むときに手ですくい上げるよりも、何か入れ物があったほうが飲みやすいと思ったその気持ち（願い）が、コップや器を生み出したように。こんなものがほしい、こうなりたい、こうだったらいい…、私たちの心の奥には、たくさんの願望があります。

こうした願望のカタチを丁寧にシュミレーションしてなぞっていき、まるで目の前に映し出されるように、展開していくといいようです。

たとえば、ダイエットというテーマで考えてみましょう。

自分が、いつ頃、どんな姿になっていたいのかをまず決めます。ただ痩《や》せたい、というのでは漠然としすぎてダメです。

身体の中のどの部位が、どんなふうにほっそりして、どんな体型になっていて、どのような洋服を着ているかまで思い描くのです。自分の好きな女優さんなどの写真を使って、「こんなふうになるぞ〜！」というのも効果的です。

「漠然とした望み」というのは、曇《くも》りガラスのまま、未来を映し出しているようなもので、未来もぼんやりとした曇りガラス越しのままで展開されてしまいます。

けれども、クリアで具体的な情景を描き出すと、ピカピカに磨いたガラス越しの未来が映し出されていくことになるので、より自分の思い描いたようになる実現度が高まっていくというわけです。

できることなら、自分が思い描くことのできる、**最高形の未来**をイメージの中でつくってしまいませんか。


さて、自分のありたい未来の姿をイメージすることができたら、次は**すでにそれが叶ったと仮定して、そのときの感情や状況をありありとイメージしていくのです。**たとえば、次のようにしてみましょう。

◆ **着たかった洋服をさっそうと着て、お気に入りの場所を歩いているイメージ。そのときの風や匂い、空の青さや、食べる物、そのときの気持ちなど、自分が映画監督&主演女優になったかのような感覚で、より具体的に、感**

情を込めて思い描いていく

◆友人たちに「どうしたの？」とびっくりされるときにかわす会話の具体的なシュミレーション

◆体重計に乗るたびに幸せな気分になり、お風呂に入るたびにニコニコうれしくなるイメージ

このように、より具体的に、ありありとイメージすればするほど、現実化の波は促進されます。

ダイエットにもイメージの力が大活躍

実は私自身、この方法で二カ月で八キロのダイエットを成功させたことがあります。どのようにしたかというと、まず自分が二カ月後、体重計に乗ったら八キロ減っている姿を感情とともにイメージしました。

それと同時に、家族や友人たちから「いったい、どうしたのよ～」などと言われ、驚かれている姿や、ほっそりした未来の自分がいろんなシーンで、ワクワク楽しそうにしている姿を思い描いていきました。

とはいえ、特に食事制限をするとか、運動しなくちゃいけないというのは嫌だったので、そうした努力はしなくても私は実現するぞ～！　と強く決めました。そのうえで、「アイム　パーフェクト！」と高らかに宣言して「すでに叶っちゃった！　なんてうれしいの～」というふうなイメージをしてみたんです。

具体的には、たっぷりついていたお腹まわりの脂肪さんに、「今まで私を守ってくれていたのに、にっくき脂肪なんて言ってごめんね。でも、もうあなたの役割は終わりよ。私は本来の姿に戻るね。ありがとう、バイバイ」と言って、話しかけてあげました。

すると次の日、なぜかそれまでキツかったジーンズが、するりと履《は》けたんです。

びっくりした私はおもしろくなって、毎日続けているうちに、二カ月後には、ウエストは一〇センチ細く、体重も望みどおりに減っていた、というわけです。

笑顔の女性はみな、望む未来を「先取り」している

このように、**しっかりくっきりイメージして、しっかりくっきり語ってあげる**ことで、こんなにも変わるのかと本当にびっくりした私。

友人たちにも試してもらったら、みんな次々に効果があって、なかには、膝の痛みが治ったり、花粉症が治ったりした方も！

自分の願った姿に対して、ありありとイメージすること。

具体的には、すでにそれが叶ってしまったと想定して、そのときの感情や情景をシュミレーションしてみるのです。

あたかも成就してしまったかのように、先に振る舞うのもいいでしょう。

ポイントは、ありありとイメージすることと、そのときの感情が〝うれしい〟思いで満たされていることです。

というのは、あなたが幸せに満ちたうれしい感情で満たされていると、あなたの身体の細胞さんも、潜在意識下以降でつながっているあらゆるイノチさんたちも、「この人が顕在意識で願っている願望を、いっちょ実現するのに手を貸しましょうかね～」という感じで、協力体制に入りやすくなるからです。

ぜひ、自分自身のココロと、見えないまわりを味方につけて、あなたのうれしい未来の「先取り」をしてしまいましょうね。

RULE 9

宣言力を加速させるコツ②——信じる力

「私」を信じた人だけが望みを叶える理由

あなたのアファメーションをより確実なものとさせるコツの二つ目は、信じる力です。信頼する力とも言い換えることができます。

「そうだ、そうなる、必ずそうなる！」といった強い思いが、宣言力を加速させるのです。

信じる力には、二方向のベクトルがあります。

ひとつは、自分を信じ、信頼する力。
もうひとつは、まわりを信じ、信頼する力です。

自分を信じることは、やがては自信へとつながります。

また、自分自身を信頼してあげることは、自分のもっともよい状態が引き出されやすくなるということです。言い換えれば、いい気持ちのまま、自分の最大出力が出せるということです。

なぜかというと、自分自身を信頼してあげることで、あなたのココロは、「これでいいんだよ。大丈夫だよ。大好きだよ」といったポジティブメッセージを脳に送ります。

脳はその指令を受け、さまざまなホルモンを分泌させ、その人のココロとカラダが気持ちよく動けるような状況をつくり出すのです。

けれども、「どうせ無理」とか「私なんて」といった思いを抱いたままでいると、一方では、望みを叶えたいプラスのメッセージをアファメーションとして送り続けているにもかかわらず、もう一方では望みは叶えなくていいというマイナスのメッセージも同時発信している、ということになっちゃうんですね。

これでは叶えたい思いと、叶わなくてもいいという思いの綱引きをしているようなもので、非常にエネルギー効率が悪いんです。

できれば最小限の努力で、最大限の効果をあげたいですよね。だったら、「思い」のレベルでの戦いはやめて、スコーンと単純に**「できる、大丈夫、必ずそうなる！」と言い切って、あとは、ほわんと楽にしている**、というのが賢い未来の創り方ということになります。

不安や心配、無理かも？　と思ったときは？

…とはいっても、「それができたら最初からこんな本なんて読んでないって！」という声が聞こえてきそうです。

さあ、どうしましょう？

そうなりたいと決意し、実際アファメーションをしても、すぐに不安や心配、無理かも？　といった怖れが湧き上がり、自信がもてないときの対処法は？
私の場合は、三段階方式で対処しています。

1
「怖れるな！」といって浮かぶ不安を、イメージでバシッと鞭打《むちう》つ。そして、「できる、やれる、必ずそうなる！」と言い切る。

2
それでも、次々とくる不安や心配、怖れに対しては、あー、来たなぁぐらいで無視してしまう。やってくるさまざまな思いを、つかまず、そのまま放っておく（つかむから膨らむ。放っておくとだんだんしぼんで小さくなっていく）。

3
いい気分でいる時間を増やす（日常の中のちょっとした楽しいこと、うれしいことを見つけるようにする）。

そうしているうちに、次々と湧き出る不安や心配が、不思議と減ってくるんです。考えてみれば、まだ経験していない未来のことだもの。

本当にそうなるかどうか不安になるというのは、当たり前のことだと割り切れば、不安があるからダメなんじゃなくて、不安があってもいいから、そこだけにフォーカスして、ぐるぐる巻きにされなければいいんです。

「つかまず、放っておく」というのは、最初は慣れないかもしれないけれど、慣れるに従って、とっても応用の効く方法になります。

「どうせ、無理」って言っている私がいる。ふーん、で、それで？

「できないと思う」って言っている私がいる。ふーん、で、それで？

と、**クールな眼で自分のココロを観察する**のです。

私の中にはそんな部分もあるね、と認めたうえで放っておくと、だんだんおとなしくなってきます。

感情を否定するのではなく、認めたうえで、あえて何もしない（その感情

を膨らませない）という選択をするんですね。

そうしているうちに、だんだんと自分自身への信頼度、信じる力が増してきます。

「私の潜在意識を信頼する」という真の意味

次に、まわりを信じ、信頼する力ですが、これは自らの潜在意識に信頼を向けていきます。

「潜在意識」とは、あらゆるメモリーがつまった場所――宇宙が創成してから、いまに至るまでの膨大な情報が保存されている巨大な記憶の貯蔵庫であるとお伝えしましたね。

ということは、あなたも、私も、鳥も、花も、起こる現象も、すべてこの領域とかかわり、つながっているということになります。だからこの領域に向けて、

「私と心の奥でつながっているあなたをまるごと信頼します」

「私と心の奥でつながっている現象をまるごと信頼します」

という感じで、宣言力を使っていくんです。
言うだけ？　そう、言うだけです。

「信頼する」といえば、信頼されちゃうんです。
「信頼できない」といえば、信頼してくれないんです。
忠犬ハチ公のような潜在意識の御主人さまは、あなた自身。
あなたの顕在意識が命ずることにどこまでも忠実なんです。

そして、信じる力を高めていくポイントの最終局面は……

何があっても、すべてはうまくいっている。宇宙は私をつぶさない！

という真実を受け入れることです。

どう転ぼうが、どう騒ごうが、その人にとっていちばん必要でベストなことが起こっており、それを経ることで、あなたは必ず成長し、次のステージへと向かうことができるんです。

一見叶わなかったように見えても、まわり道をしたように見えても、それはあなたにとって、必要だから起こったことであり、そのプロセスを経ることで、あなたのスピリットはより豊かさと繁栄が約束されるということなんです。

それは、ちょうど池を迂回しようとしたのに、池に落ちてしまってもがいていたら、なんと池の底に黄金が敷きつめられていた！　みたいなものです。


どんなことがあっても、私には最高のことしか起こらないと決めたら、必ずそうなります。

自分とまわりを信じ、信頼する、というのは、表面のココロがどんなに暴

れようが、深い部分では、その人の成長にとって、もっともふさわしく、ベストなことしか起こっていないと信じるココロのこと、だと思います。

だから、まだ時期じゃないときは、堂々と「未熟」がカタチになればいいだけ。
力不足のときは、「力不足だったよ」という現象をみせてくれればいいだけ。

未熟はあるけれど失敗はない。
宇宙は、どんなときでもあなたの味方であり、
あなたが成長するための最高の道を用意している。

だから、何があっても大丈夫！

わたしを信じ、まわりを信じ、宇宙を信じる。

できると信じて、できるまでやろう
やれると信じて、やれるまでやろう
未来は常に輝いている！

この感覚をもって、宣言した内容に向かって突き進めばいいのです！

RULE 10

宣言力を加速させるコツ③ ― 続ける力

誰もが苦手な「続ける力」はこうして養う

あなたの放ったアファメーションを加速させるコツの三つめは、続ける力――継続力です。

この言葉を聞いただけで、「やめてー、コレ一番苦手なんだから」という声が聞こえてきそうです（私自身も言ってる……）。

昔、習いましたよね、「継続は力なり」。

でもね、これがなかなか大変なんですよ。

同じことをずーっと継続してやっている人って、本当にすごいなって思います。飽きっぽい私には、至難のワザです。

とはいえ、やっぱりコツコツ続けることが、パワーとして蓄積されていく、というのは身にしみてわかりますから、やらないよりはやったほうが絶対イイ！

問題はそのためにはどうするか？　どうしたら続けられるようになるか？　です。

そこで、アファメーションにおいて、「続ける」ということを考えてみましょう。

私はフェーズ別に、三段階でわけています。

第Ⅰフェーズ ―― アファメーションを意識化する

アファメーションしたことを意識するということ。

意識化した分だけ、エネルギーが集約され、現実化の波が促進されていき

ます。

たとえていうなら、スイッチ・オンにして、夢の成就《じょうじゅ》に向けての電流が流れ続けている、という感じでしょうか。

そのためには、自分がアファメーションした内容を、ときどき思い出すと効果的です。決して毎日じゃなくてもいいんです。自分のアファメーションをノートに書いておいてたまに見るとか、あるいは目につく場所に貼っておくだけでも、十分効果があります。

第2フェーズ――小さなアクションを起こしてみる

アファメーションした内容について、成就するための小さなアクションを、実際に起こしてみるということ。

ちょっとでもできたらマルで、最初から完璧を目指さないことがポイント。

人は、行動化することで、進んでいる実感を得て、ますます意識化に拍車

がかかるもの。

たとえば、「私はきれいな部屋に住む！」と、アファメーションしたとします。

そこで最初から、ここを掃除して、そこを片づけて、それを日々繰り返して……、なんて高いハードルを設定してしまったら、最初の三日間は続くかもしれませんが、だんだん息切れしてきますよね。

それに、できなかった日があると、「あ〜ダメだ〜」と落ち込む気持ちや、「なんで言ったことができないんだろう」と、自分を責《せ》める気持ちが生まれてきます。

自己卑下や自分を責める、というのは、非常に無駄なエネルギーの使い方で、百害あって一利なしです。

自分のパワーは、自己卑下ではなく、夢の成就のために使いましょう。

日々の中で苦労しないでできるちょっとしたこと——顔を洗ったときについでに洗面台も拭くとか、トイレを使ったあとでついでに簡単なトイレ掃除もしてしまうなど、ちょっとした心がけでできそうなことを**ひとつでもしたら、その日のアクションはマル！**です。

もし、だるくて何もできない日があったとしても、それはそれで「ま、いっか」。明日やればいいんです。

大切なのは、そのようにアファメーションした私がいて、そのことを忘れてはいない（意識にある）ということ。その気持ちがあるかぎり、ゆっくりだろうが、ささっとだろうが、必ず前に進んでいるということなのです。

第3フェーズ――小さなアクションを繰り返してみる

アファメーションした内容について、実際に継続して行動化できるということ。みんなが考える「継続力」というのは、このレベルをさしていると思います。

でもこれは、「意識化→行動化」の次のレベルの行為で、ワンツースリー♪の三番目なのです。

まずは「続ける」ことってスゴイ！ と自覚し、少しでもできたら自分をしっかり褒《ほ》めてあげましょうね。

継続力を養うポイントは、そこに向かって起こすあなたのアクション（行動・行為）を**「好きになる」**ということです。

好きになれば、努力とか頑張るとか言わなくても続けられます。
だって、好きなんだから。

その好きが、とーっても好きなことなら、そこへ向かうエネルギーも大きいということであり、つまりはパワフルにアファメーション成就に向かって、突き進むことができるということです。

けれども、もし、そこへ向かう行動が好きじゃない場合、好きじゃないけれど、やらなくてはいけない場合はどうするか？
たとえば、前述の「きれいな部屋に住む」なら、どうしても掃除・片づけという行為がともないます。それが苦手で、重い腰があがらないといったような場合は、どうしたらいいのでしょう？

答えは、**「気にならない」ココロの状態をつくる**、です。
「いやだ」「やりたくない」「好きじゃない」という気持ちは、エネルギーでいえば、反対方向のベクトルなので、なかなか思うようにはかどらないし、第一、そのことをやるにしても、やらないにしても、どんどんストレスがたまってしまうもの。

ですから、**嫌だと思わないでできる範囲、気にならなくてやれるところまでは、やるということを続けていったら、だんだんと気にならない範囲が広がっていって、いつのまにか継続力がついてしまう**んですね！

あせる必要はありません。気にならない範囲をゆっくりと広げていけばいいんです。

最初から偉大な行為があるのではありません。小さな積み重ねが山となった結果として、偉大な行為へとつながり、いつしか夢が実現していくのです。

続ける力を養うためには、

1　意識化すること
2　小さなアクションを起こしてみること
3　小さなアクションを繰り返してみること

続けるためには、そのアクションを「好きになること」、もしくは「気にならない部分」を広げていくこと。


続けられなくても落ち込まないこと。

今日がだめなら、明日があるさ。

継続力もひとつのクセづけです。やっているうちに、だんだん続けることが楽しくなってくるから、大丈夫！

続ける力を養うレッスン

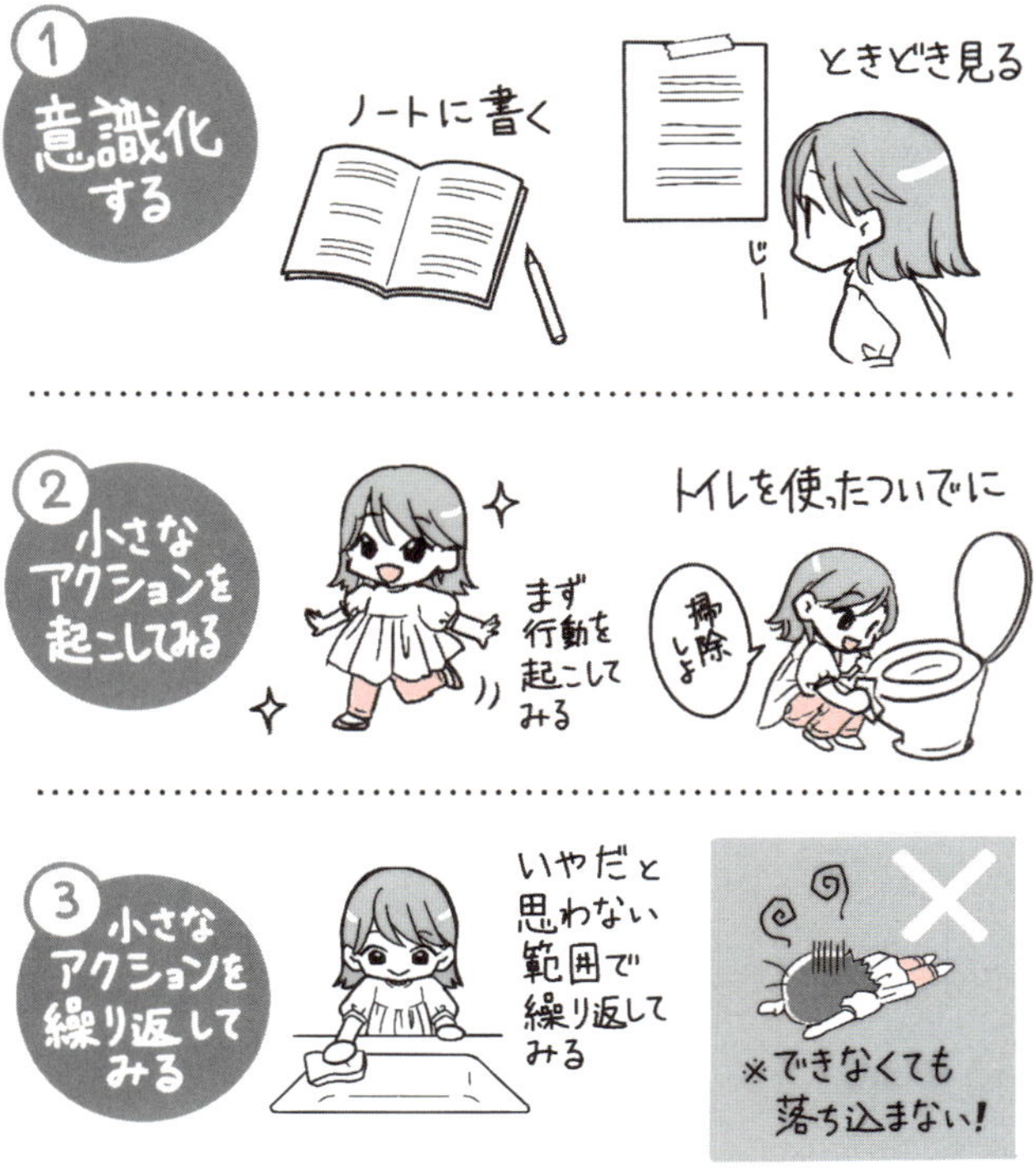

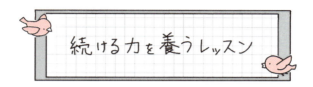

RULE 11

宣言力を加速させるコツ④ ― 感謝する力

まわりの人の心も潤す「ありがとう」の言葉

あなたのアファメーションをより確実なものとさせるコツの最終章 ―― 四番目は、感謝する力です。通称、**感謝力。**

「ありがとう」って素敵な言葉ですよね。

日常のちょっとしたことにも「ありがとう」って声がけすると、毎日が気持ちよく流れていくようになります。

朝起きたら、ぐっすり眠らせてくれたお布団に、ありがとう。おひさまに、ありがとう。挨拶を交わせる家族に、ありがとう。美味しいご飯、ありがとう……、ひとつひとつに感謝できることは、とても心豊かに生きているってことでもあると思います。

いつもこんな気持ちで暮らせたらいいのですが、毎日やることいっぱいの日常の中では、だんだんそんな心のゆとりもなくなって、いつのまにかカリカリ、イライラ。どんどん感謝が薄れてしまいがちになる。そんなときは、心もきっと渇いているんだろうなあ。

日々の中で、「ありがとう」の言葉が減ってきたとき、それは自らの心がガソリンを必要としているときなんだと解釈して、自分のためにエネルギー補給をする時間をつくるといいと思うんです。

それは、一日の中で少しでもいいから、**自分にとって心地よい時間と空間を提供することを許してあげること。**

緑の中を散策したり、好きな音楽を聞いたり歌ったり、おいしいお菓子を食べたり……、人それぞれのニコニコッとできることをしてあげればいいんです。

そうすることで、だんだん心のガソリンが補給され、また性能よく走り出すことができるから。日々のメンテナンスは重要です！

「感謝」をするからよいことが起こるわけじゃない

さて、こうした「ありがとう」の力が、どうして宣言力を加速させる力になるのか、考えてみましょう。

まず考えられるのは、**感謝できる状態であるときというのは、間違いなく心のエネルギーも高い状態になっている**、ということです。

エネルギーが高いと、アファメーションした内容を、より早く確実に、目的地へと運ぶことができます。だから大事だよ、というのがひとつ目です。

次に、**「ありがとう」の力は、潜在意識をクリーニングし、超意識やその奥**

にある魂とダイレクトにつながって現実創造を応援する、ということです。

私たちの内にある三つの意識の一番奥のコアにある**「内なる叡知」（超意識の奥）には、どうやら「愛と調和で創造・発展」といった見えない自然界のルールが存在している**ようです。

この絶対なる愛と調和を知り、体感するために、私たちは、さまざまな存在物と触れ合い、肉体をもって学んでいるのだそう。

そして、起こる現象というのは、ほとんどが、潜在意識のメモリーから汲み上げられてきたもので、いわば過去の集積から取り出した記憶の断片が、この三次元で現象化したものだというんですね。

それはいってみれば、過去の古傷みたいなもの。この「古傷」を癒《いや》して、潜在意識をクリーニングするとっておきの洗剤が、「感謝力」というわけです。

そうすることで、私たちの顕在意識はダイレクトに超意識とその奥につながり、圧倒的なパワーをもって「愛と調和で創造・発展」ができるようになります。

このように、**潜在意識をピカピカにして内なる叡知とつながる力が「ありがとう」**だったんですね。

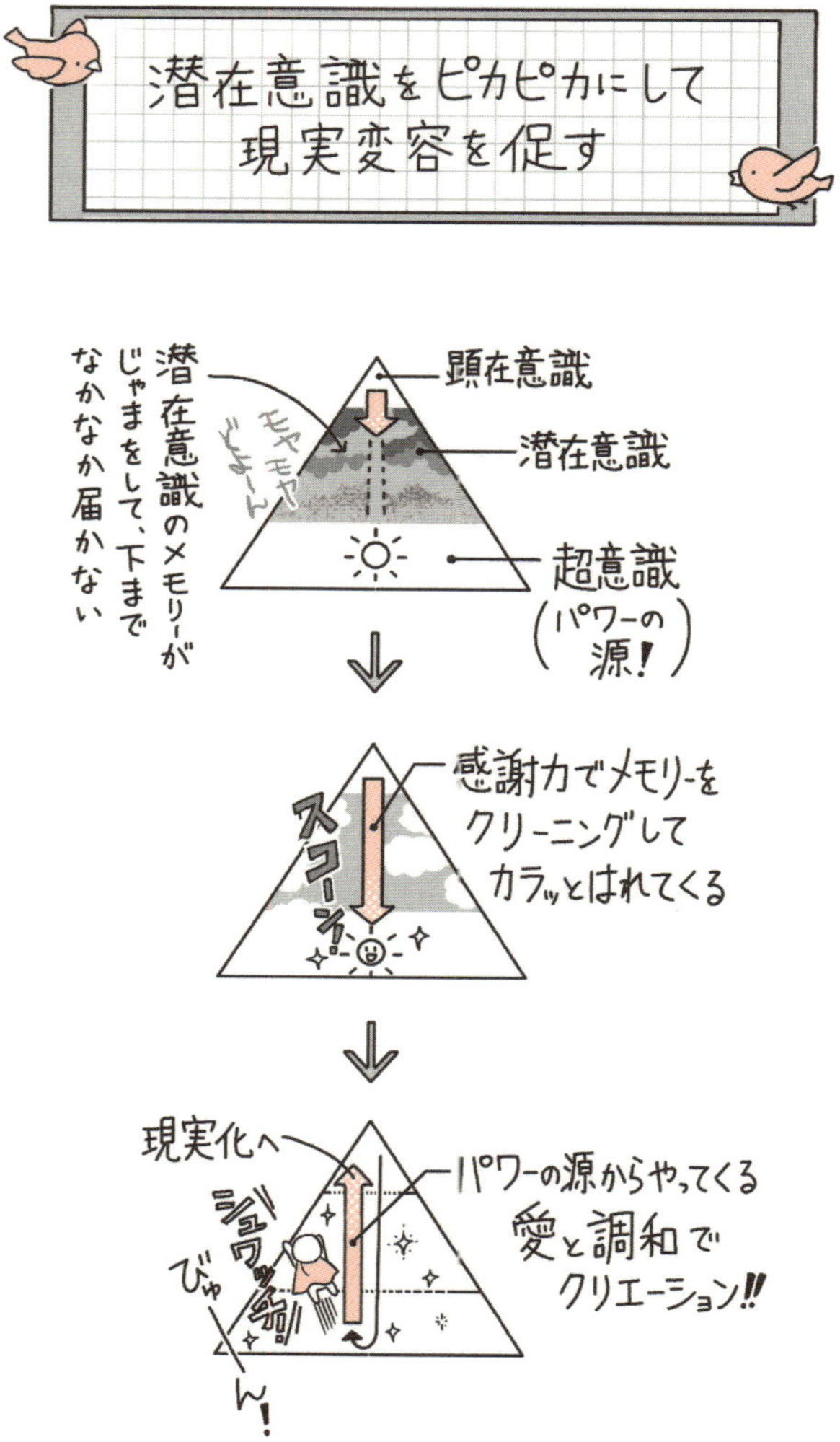

最後は量子力学の観点から考えてみます。

まだ仮説の段階ではあるのですが、すべての物質の基本となる原子と、その中にある陽子を精神波動でとらえてみたところ、**それは「愛」という精神波動と限りなく同調し、陽子にくっついている中性子は常に「調和」の方向性を求めているの**だそうです。

そして、**この陽子と中性子を結びつける力（ゲージ粒子といいます）が、なんと「感謝」という精神波動なのだ**とのこと！

この前提のもとに考えると、私たちは「感謝」するからよいことが起きるのではなくて、私たちの身体、空、モノ、あらゆるもののすべてが、もともと「感謝そのもの」「愛と調和そのもの」でできているということになります。

この説を信じるかどうかは個人の自由なので、押しつける気持ちはないのですが、私の個人的な感覚としては、「そういうこともあるかもしれない」と思っています。というのは私自身、大病を患《わずら》ったときにそのことを体感したからです。

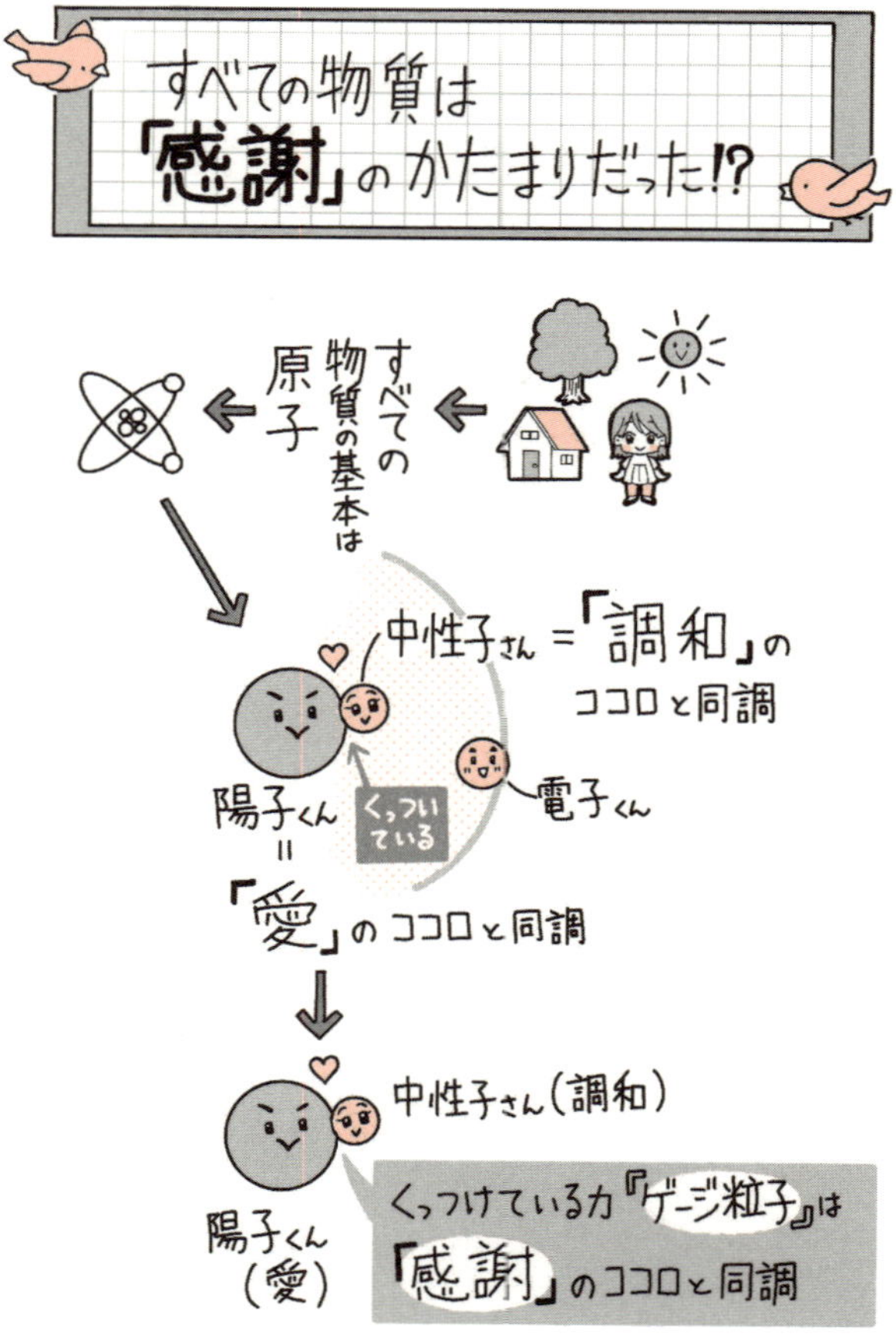

私を脳卒中から救った「奇跡」の正体

四〇歳になったばかりの頃、脳卒中になりました。原因は過労でした。救急車で運ばれ、気がついたときには、左半身がまったく動かない状態になっていたのです。

しばらくは、起こった現実が受け入れられず、茫然《ぼうぜん》としていました。とはいえ、やるべきこと、考えなくてはいけないことは山ほどあります。

引越し前夜だったので、とりあえず子どもたちは、実家のある北海道に帰し、夫は予定どおり、横浜から沖縄へと引越しをし、私ひとりで病院に残りました。

ベットから天井を見つめていると、次々と後悔や不安が浮かんできます。

このまま、半身不随《ふずい》のままだったら、子育てや仕事、家事はどうなるのだろう？

と心配でたまりませんでした。

さんざん思い悩んだあげくわかったことは、この現実をそのまま受け入れるよりほかないんだな、ということでした。

そして覚悟を決めて、これからの人生を生き切ることを決めました。

まずは静かに目を閉じて、今まで頑張ってくれた自分の身体に意識を向けてみました。

そのときに初めて気づいたんですね。

ああ、今まで私は、自分の身体をほとんどいたわっていなかったって。

頑張ることが美徳とばかりに、どんなに疲れていても、もっと頑張れー！　と鞭《むち》ばかり打っていたんだなと気づいたのです。

そのことを思うと申し訳なくて……。身体さん、無理させてごめんなさい。五体満足で生んでくれたお父さん、お母さん、ごめんなさいって言いながら、ポロポロ泣きました。

そのうちに、身体の奥から熱いものがこみ上げてきました。

まるで細胞ひとつひとつが「それでもあなたのことが大好きなんだよ」って言ってくれているみたいに。

なんともいえないその感覚が全身をまるごと包んだとき、今度は別な感情がこみ上げ、涙がこぼれおちました。

それは、感謝！　今、こうして生き、生かされているということの喜びと、こんなにも愛されていたんだという驚きで、なんとも言えない気持ちになったのです。

ただただありがたくて、今まで頑張ってくれた自分の身体ひとつひとつの部位に、私は心からの「ありがとう」を告げていきました。

「脳さん、ありがとう」「神経さん、ありがとう」……ってね。
すると、伝えるたびに、瞳の奥に、ものすごい速さで回転する光と色の渦が見えて……、いつのまにか私は深い眠りについてしまったのです。

翌朝、私が体験したこと——それは、脳卒中そのものが消えるという事実でした。
半身麻痺《まひ》もなくなり、手足は自由に動かせるようになっていました。
その後、いろいろな検査をしましたが異常なし。
医師から奇跡と言われ、ほどなく私は退院できたのでした。
以来、私は第二の人生をいただいている気がしてならないのです。

「頑張る」人生から、「愉《たの》しむ」人生へ。
みんなとつながって、いのちが喜ぶ生き方へ。

あのとき動かなかった身体に奇跡を起こさせたもの——私は、その力が「感謝」

ではなかったかと直感しています。

感謝の気持ちを持ち続けることは、あなたが放ったアファメーションを加速度的に現実化に結実させることができます。

「ありがとう」の力は、すべてを変容させるミラクルエッセンスなのです。

RULE 12

4つの力＋1つの魔法 ― 手放す

本来の自分を取り戻すために「手放す」

宣言力を加速させる4つの力は、「イメージする力」「信じる力」「続ける力」「感謝する力」でしたね。

アファメーションを成就するには、こうした意識の力を使うことが大切なのですが、最後にひとつ、一気にゴールへと向かうための魔法の秘薬をご紹介します。

それは「手放す」ということ。今までやった努力も、叶えたい望みも、まるごとみーんな、いったん手元から離してしまうこと、これが最高の魔法です。

「絶対叶えてやる！」とか、「負けないぞ！」といった気持ちも、ときには必要でしょうが、なんだか疲れそうですよね（笑）。

そんなド根性パワーは、もしものときのためにとっておいて、普段は、**ワクワク・ラクラクで進む**っていうのはどうでしょう？

では、なぜ「手放す」と、一気にゴールへと向かえるのでしょうか？

手放すこと、それは〝執着をやめる〟ということです。

アファメーションというのは、自分の願望をスパーン！　と言い切る行為ですが、結果ばかりにとらわれていると、だんだん執着が出てくるものなんですね。

だから、集中はいいけれど、執着はダメ。

なぜなら、現実化の速度がとたんに遅くなっちゃうのです。

執着のエネルギーって湿気があって、ネバネバしているんですよ。だから進みづらい。

りとなることでもあります。

執着をやめると、ものごとにとらわれなくなります。

ものごとにとらわれなくなったとき、あなたは自由です。

自由であるということは、あらゆる可能性の場が与えられた、ということでもあります。

イノチとは本来、自由でパワフル、豊かでピュアな意識の場です。

そして、あらゆる可能性、創造性の源とつながっています。

あなたが執着・とらわれを手放して、イノチ本来の在り方にアクセスしたとき、モノゴトはおのずと叶っていくようになっています。

鳥が空を飛ぶように、種から芽が出るように、人は夢を叶えて喜びながら生きるようになっている。それが自然な、イノチ本来の姿なのです。

あなたが発信した願い、アファメーションは、あなたが本来の自分を取り戻し、とらわれのない自由な心になるにつれて、どんどん叶うようになります。

なぜなら、ピュアな思いが超意識の奥にある内なる叡知とストレートにつながり、内なる叡知の特質である「愛・調和・創造・発展」の世界と合致するからです。

ただし、そのアファメーションが、エゴにもとづいた、自分さえよければの世界であれば、あらゆる存在物が成長発展していくようにと願っている本質の世界とは乖離《かいり》してしまうため、成就しにくい、という成就が叶うことになるでしょう。

上手に手放すには「忘れる・ゆだねる」

では、具体的にアファメーションをした際の「手放す」ヒントをお伝えします。

手放すためには、そのことを**「忘れる」**とよいのです。

もし難しいなら、アファメーションしたあとに、この言葉を唱えてみてください。

「どうぞ、なるようになりますように」

「すべて、内なる叡知にゆだねます」

or

こう唱えて、期待や不安や願望も手放し、本質の自分――内なる叡知にゆだね、おまかせしてしまうのです。

とても効果的で、何より自分の心がストンと落ち着くところに落ち着きます。

ぜひ、トライしてみてくださいね。

未来をひらく歌「むすんで、ひらいて」

ところで、先ほどから私の頭の中で、ある歌がぐるぐるとかけめぐり、鼻歌を歌っているうちに面白いことをひらめいたので、よかったらご一緒に手遊び歌をくちずさんでみませんか？

歌は「むすんでひらいて」です。
むすんで、ひらいて、手を打って、むすんで♪　っていうあの歌です。
歌うときに、むすぶは「欲しいものをつかむイメージ」で、ひらくは「それを手放すというイメージ」を持ちながら歌ってみてほしいのです。いきますよ〜。

♪む〜すんで（つかんで、グー）
ひ〜ら〜い〜て（手放して、パー）
手を打って（音が「生まれる」。何かが「生成される・成就する」イメージ）
むすんで（また、新たにつかみ）
またひらいて（また手放して）
手を打って（また生まれて）
その手を上に〜♪

上にするのは、お手上げの手。手を上げて、宇宙に、天に、内なる叡知にすべてをゆだね、まかせますといったイメージ。するとますます満ちて豊かになっていく。
グーの手だと、握った手に入る分だけになるけれど、パーにすることで、手から
あふれるほどに満ちて（想像を超えて）、豊かさ（成就）がやってきます。
さあ、未来をパーッとひらかせましょうね！

第3章

「私」を愛したとき、すべてが変わる

――願いを叶える宣言力のベースにあるもの

RULE 13

心のベクトルをそろえて宣言してますか

私たちが何かを達成したい思うときには、まず、「ある状態になったらいいな」という「思い」が先に生まれます。

次に、それを「言葉」として表現し、そこへ向かうべく「行動」を始め、これら三つを繰り返していくなかで、あなたの望みが成就していきます。

このプロセスにおいて大切なのは、**心の向き（ベクトル）をそろえる**ということです。「思い」はあるけれど、同じぐらいの心配や不安もあると、プラスとマイナスの意識が綱引きをしてしまうため、現実化の速度が遅くなるのです。

人は未体験のことを経験するとき、または過去に失敗したという経験があるとき、自分のエッジ（境界）を超えようとするときには、必ずと言っていいほど不安や心配がついてまわるものです。

それは自然な防御反応ともいえます。だって、まだそうなっている状態を体験したことがない＝「知らない」んですから。

けれども、できるだけその不安や心配のエネルギーを少なくし、「できる。大丈夫。必ずそうなる！」といった**強い意志と勇気、明確な思考を持ち、歩むことで自分のエッジを超えることができます。**

アファメーション（宣言力）は、不安や心配といったエネルギーを解消し、言葉の持つ力によって、意図的に未来の先取りをし、望む現実を創造していくというシンプルで効果的な現実成就の手法です。

できれば、実際に声に出して言うことをオススメします。

なぜ言葉に出して言うほうがいいかという理由は、二つあります。

◆「言葉」で語るほうが「思い」のときだけより、パワフルである

思いというのは心の領域のため、非物質世界に属します。

けれども、言葉は耳で聴くことができるので、物質世界に属しています。

私たちは物質世界の住人なので、やはり目に見えてわかるほうがパワフルで、まわりに対する影響力も増します。

◆語ることで、自分の三つの意識に聴かせてあげることができる

あなたが語ったことは、同時にあなた自身の三層にわたる心の領域――顕在意識・潜在意識・超意識にも届きます。語ることで、顕在意識では、より動機づけが進み、思考が形象化され、エネルギーが密になります。

潜在意識では、顕在意識の指令を受け、思考を現象化するための忠実なしもべとして働きます。超意識では、顕在意識・潜在意識をとおして働きかけられたものが、

魂の成長の糧となるべく、巨視的で精緻な現象化の波を起こします。

いかがですか？　ぜひ一度は、声に出して高らかに宣言してみましょうね。

RULE 14

愛を知り、学ぶための旅

さて、唐突ですが質問です。

あなたが、あなたの人生を終えるとき、誰にそばにいてほしいですか？
その人に、どんな言葉をかけてほしいですか？
あなたは、その人（その人たち）から、どう思われたいですか？
いくつでもかまいません。思いつくままにあげてみてくださいね。

この質問を家族や友人に投げかけてみると、ほとんどの人が、「ありがとう」や「愛してる」「あなたといて幸せだった」と言ってほしいとのことでした。

また、どう思われたいかについては、「別れるのは淋しい」「大好きだよ」「感謝してる」「出会えてよかった」などなど、心があたたかくなる言葉が、次々と出てきたのです。

実は、この言葉たちは、**あなたが人生において本当に求めているもの**なんです。

あなたはどうでしたか？

私たちが本当に欲しいもの、この人生で手に入れたいもの……、それは、やはり目に見える物質的な豊かさではなくて、愛や喜び、感謝の思いといった精神的な豊かさなのですね。

お金や名誉、成功といった物質的な豊かさは、これらを満たすための補助的なツールです。だから、そこばかりにフォーカスしすぎると空しくなってしまうんです。

精神的な豊かさが増すにつれて、物質的にもますます豊かになる、これが自然な在り方なんですね。

では、どうやったら〈本当に欲しいもの〉を手に入れられるのでしょうか？

それは、あの世にいくときにあなたが言ってもらいたかった言葉や思いの内容を、そっくりそのまま、相手にしてあげればいいのです。それもたった今、この瞬間から……。

「愛してる」と言われたければ、自分から「愛する」ことをしたらいいだけ。
「ありがとう」と言われたければ、自分から「ありがとう」を言えばいいだけ。
「幸せだった」と言われたければ、自ら幸せを感じ、相手が幸せだと感じてくれる行動をしたらいいだけ、ということなのです。
それも「いつか」じゃなくて、たった今、この場所で、この瞬間から。

私は長い間ずっと、生きる意味について真剣に考えてきました。

考えて、考えて、ひとつの結論が出たのです。
それは、**私たちは「愛」から生まれ、「愛」に生き、「愛」に還《かえ》る旅をしている**、ということでした。

遥か昔から連綿と続くいのちの流れを考えたとき――誰かひとりが欠けても私という存在が生まれていなかったように、お父さんとお母さん、おばあちゃん、おじいちゃん……、数え切れないほど多くの人の「愛」と「慈《いつく》しみ」があったからこそ、今の「私」がいること。

そして、家族や友人や社会、食べ物をつくってくれるお百姓さん、お店の人、空気や水や大地に至るまで、有形無形のたくさんの愛のチカラによって、私たちは生かされてきたんだと思ったのです。

あらゆるものの根底には、「愛」というエネルギーが満ち満ちている、そう直感しました。

私たちは、愛を知り、学ぶために、今ここにこうして生き、生かされているのです。

誰かと出会い、別れるのも、いろんなことが起こるのも、自然と触れ合うのも、社会で暮らすのも、みんなこの「愛」を知り、学ぶため。

自分のしたいこと、夢を叶えるということもみんな、根底には「愛」があってこそ。それを体感し、表現する学びのひとつとして、自らの心・身体・能力をのびのびと使って、夢を叶えていったらいいのですね。

愛を持って思い、愛を持って語り、愛を持って行う。宣言力のベースにあるのは、「愛」です。

RULE 15

私を愛したとき、誰からも愛され始める

あなたは誰にもかかわることのできない存在

実は私の本職は、絵描きです。今までに多くの方々と触れ合い、芸術療法（アートセラピー）をとおして、かかわらせていただいてきました。

そのときに、「現在の自分をどう思っていますか？ 自分が好きですか？」という質問をすると、驚くことに大多数の方が「今の自分はあまり好きではない」とか、「嫌いです」と答えるのです。これは、全国のどこで聞いても同じ傾向でした。

どうしてこんなにも自己の価値を低く見積もってしまうんだろう？ と思うと、なんだか悲しくなり、泣きたい気持ちになってしまいます。

もったいない！　世界に、いえ、宇宙にただひとりの自分です。かけがえのないあなたという存在を、まず自分自身で可愛がってあげないとかわいそうです。

あなたという存在を構成しているもの――心、身体、能力、これらはすべてあなた専用につくられた、宇宙からの素晴らしいギフトです。

あなたは、あなた自身という贈り物を受け取り、この世界にいるあいだ、自由に使うことができるのです。なにを思おうが、どう動こうが、まったくの自由です。だから、どうか大切にいとおしんで使いましょうね。

あなたが、自身を大切に思えば思うほど、心も身体も、全神経、全細胞、原子、素粒子に至るまで、あなたの願いに寄り添おうと、一生懸命に頑張ってくれます。

でも、あなたが自分のことは嫌い、という信号を送ってしまったら、自分というクルマを腐食させるか、もしくはガソリンを入れないでクルマを走らせるようなもので、パワー不足になってしまうんです。

自分を愛すること、好きだと思うことが、あなたという乗り物の最大のガソリンになります。あなた自身という贈り物を、ぜひもっと可愛がってあげてくださいね。

「私」が大好きになるクイックワーク

とはいえ、今まで自分のことをあまり好きじゃなかったのに、急に言われたってできるわけないよ、と思ってしまったアナタへ。

すぐにできる、とっておきの方法をご紹介しますね。

それは、**毎朝顔を洗うときに、鏡に映る自分の顔を見ながら、「大好きだよ」「愛しているよ」って言ってあげること。**

ポイントは、自分の眼に**向かって言う**ことです。

瞳には、自分が映っていますよね。その瞳の奥にはまたまた自分が映っていて……、どこまでいっても続く自分です。

こうすることで、顕在意識はもちろんのこと、潜在意識、超意識まで、スコーンと届いて、あなたを内側から元気にさせ、喜びと自信を取り戻させてくれるんです。

回数は何度でもかまいません。少なくても多くてもＯＫです。


また、洗面所に行くたびに、なにげに心で言ってみるとか、ヘコんでしまったときに、手鏡を取り出して言ってみてもいいでしょう。一週間も続けると、必ず変化が訪れますのでお楽しみに！　もちろん、アファメーションのときでも使えます。

二つの行動で自分を愛する

では、実際に「自分を愛する」ということを行為として表すとき、何をしたらよいのでしょうか？

私は、次の二つのことをしてあげたらいいと思います。

ひとつは、自分の身体を大切に扱うこと
二つ目は、自分の心が気持ちいいと思える時間をつくってあげること

そう、**「身体のケア」**と**「心のケア」**です。

これらのメンテナンスを日々怠らずにやってあげることで、「私」という乗り物、そして、中に入っている神経や臓器、細胞さんたちも、「うーん、気持ちいいよー」「うれしいよー」と言いながら、あなたのしたいことを応援してくれ、身体という乗り物自体の性能もよくしてくれると思うんです。

自分を愛するって、口だけじゃだめなんです。

自分にとって心地よい時間や空間をちゃんとつくってあげることが、自分を愛する、大事にしている、ということの証明になるんですね。そうじゃないと、心も身体も正直なので反乱（!?）を起こしちゃうんですよ。

疲れたら寝るとか、ゆっくりお風呂につかる、好きな本を読む、自分のための小さなプレゼントを買うなど、日々のなかでできるちょっとしたセルフヒーリングを続けてみましょう。忙しくてそんな時間もとれないという方は、ぜひ、次のアファメーションをしてみてください。

「私は、私が心地よく暮らすための時間をつくることを、自分に許します」と。

こうして、自分の時間を自分の意志で使うように、心のスペースをつくるのです。

時間に使われるかぎり、あなたは「犠牲者」のままです。

時間は使うもの。あなたが時間を使えば「創造者」として生きることができます。

どうぞ、この世界にたったひとりしかいないあなた自身を大好きになって、心と身体を大切に扱ってあげてくださいね！

RULE 16

怖れず、しがみつかなければうまくいく

「心配・不安・疑念」よりも「愛」を選ぶ

私は、あらゆる行動の根底には、二極のエネルギーのどちらかが、かかわっているると思っています。それは、「愛」か「怖れ」かの二極。

普段、私が感じている感覚としては、

愛のエネルギーは、ハートが温かくなり、拡がる

怖れのエネルギーは、ハートがざわざわして、縮む

というふうに感じています。

私たちは、知らず知らずのうちに「怖れ」のエネルギーを基準にして行動してしまうことがよくあります。

たとえば執着するのは、そこにしがみつかないと不安であるといった怖れのエネルギーがベースになっています。

自己嫌悪に陥《おちい》るのも、自分に対する信頼のなさや自信のなさが形を変えたもので、元をただせば、できない自分を受け入れることへの怖れがベースです。

ほかにも、嫌われるのが怖くて、いい子の自分でいようとしたり、太りたくないから食べ物を控えるというのも、「怖れ」のエネルギーが生み出すものなのです。

けれども、あらゆる物事、森羅万象《しんらばんしょう》の根底にあるのは「愛」であるならば、なぜ「怖れ」をベースにして生きようとするのでしょうか？

愛は、無限に広がり、永遠に続く、ワンネスの世界であるのに対して、怖れは、有限で、分離する世界なんですね。

正しい怖れというのは、生命に対して危険を教えるためのサインとしてのみで十分です。

必要以上に怖れることはないのだと思います。なぜなら、それは移りゆくエネルギーであり、一過性のものだからです。怖れに屈して縮こまって生きるより、愛を選択して伸びやかに堂々と生きたいと思います。

たとえ傷ついたとしても、相手が怒ったとしても、すべての内にある「愛」を信じ、見つめて、そこから発信したものは、時満ちて必ずよき方向へ流れるものです。

自分自身の行動の基軸を「怖れ」ではなく「愛」を選択する、と決める。この瞬間から、あなたは宇宙を味方につけて動くことになります。

あなたの意識に効く「ホ・オポノポノ」

それでも、次々と湧き上がる怖れの感情――不安や心配、疑念に対しては、どのように対処したらいいでしょうか？　第2章の「信じる力」のところでもお伝えしましたが、ここではもうひとつの方法をご紹介します。

それは、ハワイ発の問題解決法「ホ・オポノポノ」です。

やり方は簡単。クリアしたい感情や出来事に対して、自動的に次の四つの言葉を唱えればいいだけです。

「愛しています」
「ありがとう」
「ごめんなさい」
「許してください」

これらの言葉全部を唱えてもいいし、どれかを取り出して言ってもいいそうです。とりわけ「愛しています（I love you）」には、ほかの三つの言葉が内包されているので、とてもよいのだそう。

この言葉を発することで、潜在意識をクリーニングし、超意識、そしてその奥にある内なる叡知からのインスピレーションを受けやすくなるということです。なぜなら、この世で起こる現象や感情のもとにあるのはすべて、潜在意識にある記憶（メモリー）が引き起こしているので、それらがクリーニングされれば、感情はもちろんのこと、現象さえも消えていく、ということなのです。

そして、さらに素晴らしいのは、潜在意識がクリーニングされてゼロになれば、本来のあるがままの私たちの姿があらわれてくるのだということ。

私たちが本来の姿に戻ることは、内なる叡知とつながるということです。

言い換えれば、自由で豊かで無限の泉からクリエーションできる、ということでもあると思います。

私もいろいろなシチュエーションで実践してみましたが、効果は抜群でした。ネガティブな感情をクリアにしたいときにも使えますし、どう行動していいかわからないときに唱えることで、思いもよらぬインスピレーションを受け、素直に行動することで、物事が劇的に改善するなど、たくさんのよいことが起こりました。

もっとも私の場合は、四つの言葉すべてを唱えるというよりも、「愛してる」と「ありがとう」の二つを言うだけ。

思いついたときに、ふっと心で言うんです。電車に乗っても、人に会っても、歩いていても。そうすると、心がどんどん穏やかで軽やかになるんです。

ホ・オポノポノは自分だけではなく、他人やもの、こと、すべてに対して行なうことができるので、とても便利ですよ。

でも、長く実践してみて感じることなのですが、何か特定の状況になることを願って依存的に唱えるのではなく、あくまでも本来の姿に戻るための実践法（手段）であるということを忘れてはいけないような気がします。

「〇〇になってください」というのではなく、それが本来の姿であるなら、なるようになるので、その結果にさえも執着しない、という感じでしょうか。

この自由で豊かなクリエーションを喚起《かんき》するホ・オポノポノ。ぜひ、暮らしの中でも役立ててほしいと思います。

ちなみに、ブルーソーラーウォーターといって、ブルーの空き瓶（ボトル）に水を入れて、十五分以上お日様の光にあてたものを飲めば、同じように潜在意識のクリーニングができるということです。

私もお気に入りで、普段からいただいているのですが、あるときふと思いました。

この地球という星を覆《おお》っている空そのものが大きなブルースカイボトルで、その下にある海や川はお日様の光を受けて、すでにブルーソーラーウォーターになってるんですね。

そう考えると、その水をいただいている私たちは、ただそれだけで、地球という大きな宮のなかで、知らないうちにピカピカに磨かれている地球の動く細胞さんたち、ということになりますね。

私たちってなんて幸せなんでしょう。

RULE
17

なぜ、あなたの思いが現実を創るのか

「思いは実現する」という言葉。聞いたことがありませんか？
よく自己啓発書などにもありますが、私は日頃から、その感覚を実感しています。

たとえば、「私ってなんてラッキーなんだろう」と思っていると、ちょうどいいタイミングで電車が来たり、お気に入りのカバンが見つかったり、会いたいなあと思っている人にバッタリ出会えたりと、いいことずくめ。

でも、「私って、ツイてないな〜」と思っていると、なぜか電車は遅れるし、タクシーは見つからない、たまたま入ったカフェは満席だし、人ともうまくかみ合わない、などなど。

ごあいさつ

「まなひくらぶ」とは、出版社きれい・ねっとがプロデュースする、愛と真理に満ちた「言葉」でつながり、新しい時代を幸せに生きるためのコミュニティです。自らの人生の「変容」のスイッチをオンにして、「みんなで幸せに生きたい」「スピリチュアルな学びを深めたい」そんな想いをお持ちのあなたと、ぜひ楽しくご一緒できましたら幸いです！

きれい・ねっと代表　山内尚子

私たちもまなひくらぶのメンバーです

獣医師
森井啓二

破壊と創造の時代、明るい未来を先駆けて美しく生きる人たちと繋がっていきましょう。

画家・作家／雅楽歌人
はせくらみゆき

「まことなるなごやかなるはひかりあれ」まなひくらぶでミタマを磨いて、共に喜びの中で歩んでいきましょう。

錬堂塾主宰・長老
杉本錬堂

世界が少しでも良くなるように、皆で手を携えて、真摯に学び、大切に丁寧に生きていきましょう。

「まなひくらぶ」の詳細・お申込みはこちらから

「まなひくらぶ」で検索
または右記のコードをスキャン

まなひくらぶ　🔍検索

https://community.camp-fire.jp/projects/view/550491

なんでこんなことが起こるの！　と、まるでマンガのように、次々と変なことが起こっちゃうんですね。あなたもそんな経験ありませんか？

ちなみに、こんな負のサイクルができつつあるとき、私が使うのはやっぱりアファメーションの力。

「私ってツイてないをきれいさっぱり打ち消します。私っていつもラッキーなことばかり起こるんです！」と、言いなおします。

すると不思議とモードが変わり、だんだんと良い流れへと変化していくんですね。意識の力って、本当にすごいなあと思います。

この思いが実現するということについて、もう少し詳しく考えてみましょう。

思いというのは、発信するエネルギー量子です。

人は一日に約六万の考えを持つといわれています。そのうち自分が意識できるのはわずか数パーセントだけ。あとは、すべて無意識の領域に貯蔵されていきます。

そして、私が私であると認識し、時間の観念が生まれるのも、昨日思ったことの約九十五パーセントは習慣という慣性の法則で、継続してそう思うようになっているからだそう。

つまり、あなたは毎日ほぼ同じパターンのエネルギー信号を出し続けているということです。それは日々、同じ設計図で、同じ材料を使って、同じ家を建て続けるようなもの。安心はありますが、おもしろくはありませんよね。

宣言力は、あなたの意志の力、言葉の力を使って、家の設計図ごと変化を起こしちゃおう！　という意識のモデルハウスづくりをします。

あなたにとって、平屋の２ＤＫに住み続けることが「心地よい」のであれば、それを続けることは一向にかまいません。

でも、たまには二階建てのお家に住んでみようとか、やっぱり３ＬＤＫにしてみようとか、キャンプハウスにしてみてもいいな、なんて思うことが心地よかったら、

それをしないでいる理由はどこにもありません。

まず、トライしてみるんです。

たとえ結果として、それが手に入らなかったとしても、そのプロセスのなかで、必ず何かはつかんでいるものです。

もしくは、意外な時期に意外な形で、果報が舞い込むかもしれません。

いずれにせよ、それはあなたにとって成長のチャンスとなります。

宣言力をとおして、新しいエネルギーパターンの波を起こす、それによって自分が変わり、まわりが変わり、起こる現実も変化します。

すべては進化していくようにできている。

あなたの思いがあなたの現実を創る。

さあ、のびのびと軽やかに、あなたのうれしいカタチをクリエーションしていきましょう。

RULE 18

目の前に起こる問題は、ただ在るだけ

日々暮らしていくなかで、時々あなたを悩ませる問題が勃発することがあります。お金のやりくりだったり、健康への不安や恋愛問題、人間関係、仕事の悩みなど、人は誰であれ、大なり小なり課題を抱えながら生きているものです。

かつて私自身もさんざん悩みましたが、最近はそうでもなくなりました。問題がなくなったわけではありません。問題は問題としてあるけれど、苦にすることが少なくなってきた、という感じでしょうか。ものごとはただ在るだけで、そこにプラスもマイナスもないんだと、わかるようになったんです。

ある出来事や現象に対して、それを問題と感じるかどうかは、その人のとらえ方次第。**苦痛を感じ、それを悩みとするかどうかは、実はその人の感情や解釈**

が決めていることなのです。

要は、超えればいいだけ。カミサマは超えられない課題は与えないはずです。山より大きなイノシシが現れないように、**必ずクリアできるからこそ起こっている**に違いないのです。

まだプロセスの途中なので、先のことはわかりませんが、そのときにできることを精一杯、誠実に対処していきたいと思っています。

RULE 19

「とらわれ＝思い込み」の手放し方

私的なことですが、このような考え方に至るまでに、私はある「心のレッスン」をしていました。とても役立ったのでシェアしたいと思います。

それは、問題が起こったときに、三段階に分けて自分の心を深く見つめていくという訓練でした。

ステップ1　問題が起こったときにどのような感情が生まれるかを観察する

ステップ2　その感情を見つめて、感情の糸をたどっていき、感情を生み出すモトとなった、信念や思い込みを見つける

ステップ3　信念や思い込みがあることをそのまま認める

このようにして、「とらわれの枠＝思い込み」から、徐々に自由になっていったのです。自由になることで心がどんどん軽くなり、それに従って望みも自然と叶いやすくなりました。

思い込み、信念といったものは、制限のある世界です。自分で自分に着せた拘束服のようなものなんです。これは波動的にみると、同じエネルギー模様をベーシックに出し続けているということです。

実は、この**自らつくった信念体系が、私たちの現実を規定している**のです。その枠組みをひとつひとつ外していくことで、私たちはもっと自由に、最小限の努力で、最大限効果の創造性を発揮していくことができるということだったんですね。

実際に宣言力を使っていくときにも、このことは重要です。

信念、思い込みの正体というのは、幼いころからの家庭環境や社会的文化的影響、遺伝や経験、知覚などをとおして形づくられた思考のクセ（枠組み）のことです。

通常は意識されることなく、潜在意識下にあります。

信念とは、家づくりでいえば基礎となる梁組《はりぐ》みのようなもの。この梁組みの質や形を知り、変えてしまえば、今度はまったく新しい形の家を建てることも可能なんですよ。

具体的な事例をあげて説明しましょう。

実は私の息子のひとりは時々、学校に遅刻したり、行かなかったりすることがありました。そのたびに、とてもつらく悲しい気持ちになりました。

そんなある日、とうとう学校に行けなくなってしまったのです。不登校です。

いろんなケアや対応をしていくなかで、私の心の中には、さまざまな負の感情が生まれました。

とてもキツかったので、しばらく経ったころから、自分の感情を見つめることを始めました。なぜ、悲しみや怒りがこみ上げるのだろう？　と。

感情の糸をずーっと紐解《ひもと》いていったとき、ある思いにぶつかりました。

それは「子どもは学校へ行くものである。休むことは許されない」という、私の「信念＝信じている念」があるのだということでした。そこを破られてしまったから、とても苦しかったんだ、ということに気がついたのです。

私の真の願いは、子どもの幸せであり、彼が楽しくたくましく、人生を謳歌していくことです。

そう考えると、必ずしも学校へ行くことのみが幸せではない。不登校とその先に広がる選択肢が、彼の人間的成長を促し、よりたくましく幸せになるためのステップだとするならば、それもありだよね、と思えるようになったのです。

そうして自分の持っていた信念を静かに見つめ、「ああ、私には、こういう考え方があったんだな」と思いながら、肯定も否定もせずに、ただそのまま認めました。やったことはそれだけだったのですが、その後、驚くほど心が静かになり、たんたんと現実の対応ができるようになりました。

家庭の中もそれに従い、ほんわかしてきました。

その後、徐々に息子の行きたい未来の方向性が見えてきて、家族みんなで幾度も話し合いを重ねながら、彼の歩む道すべてを全力で応援し、今では彼らしくたくましく人生を楽しんでいます。

この経験をとおして、心がかき乱されるときは、その奥に必ずそうした感情を抱かずにはいられない、自分自身の決めた考え方の制限枠があることを知りました。

そして、心の中にあるたくさんの信念体系という枠組み、「〇〇とはこういうものだ」「〇〇すべき」「〇〇でなくてはならない」といったものが、あらゆる可能性や創造性の幅を狭めているということがわかったのです。


自らかけた呪縛から自由になるには、どうしたらいいか？

答えは、自らの信念に気づくこと、そしてそれをそのまま認めることです。

それだけであなたは、とらわれから自由になるのです。

私たちは本来、豊かで無限、制限なき存在です。

思い込みをひとつひとつ手放していくことで、あなたはクリエイティビティをさらに輝かせることでしょう。

RULE 20

今一瞬の幸せに気づいていますか

「イノチの河の流れ」にまかせる

私は人生を想うとき、大きな河の流れのイメージを思い浮かべます。大きな河があって、対岸にはそれぞれ「喜びと悲しみ」「快楽と苦痛」「陰と陽」というプレートが貼ってあります。生きるということは、その両岸を体験しながら流れていく、河の流れのことなんだと思うのです。

イメージとしては、岸にぶつかってもいいから、そこにしがみつかないようにしようという感じかな。どちらかにしがみつくから苦しくなっちゃう、すべては移ろいゆくものだということを知りながら流れていこうと思います。

なぜなら「私」とは、大いなるイノチの河の流れそのもので、河の流れの水はなんと、すべて「愛」でできているのだから……。

どこに流れようが、ぶつかろうが、愛の中にいるから、何があろうとも、まるごと大丈夫なんだよ、そんなふうに感じています。

過去でも未来でもなく、今を生きるとパワーが出る

大いなるイノチの河の流れと一体になって生きるコツ——それは、**今という瞬間に意識を向けること**です。

今という瞬間は、創造性の源であり、ここにすべてが集約されているといっても過言ではありません。

過ぎてしまった過去のことをくよくよ悩むのは、持ち越し苦労。
まだ起きてもいない未来を憂《うれ》うのは、取り越し苦労といいます。

過去や未来に意識を向けて、思いというエネルギーを分散するのはもったいない。

「今」に意識を向けると、パワーが出ます。

「今」という瞬間は、創造性の源へと向かう最高の出発点です。

具体的には、**今という瞬間にできる、ひとつずつを大事に扱い、行為に心を寄り添わせる**ことです。そうすることで、感情の岸辺にしがみつくことなく、イノチの河の流れそのものとなって歩むことができます。

さらにいうならば、今目の前に起こっていること、感情、やらなくてはいけないことに対して、**「愛」をもって思い、「愛」をもって語り、「愛」をもって行動する**、と決めるのです。

今に意識を向けた行動のひとつひとつが、あなたを進化させていきます。

あなたの放った願いをアファメーションで加速させ、今この瞬間できる行為そのものに心を沿わせ、愛をもって行なうことで、あなたというイノチの河を悠々と流れていきましょうね。

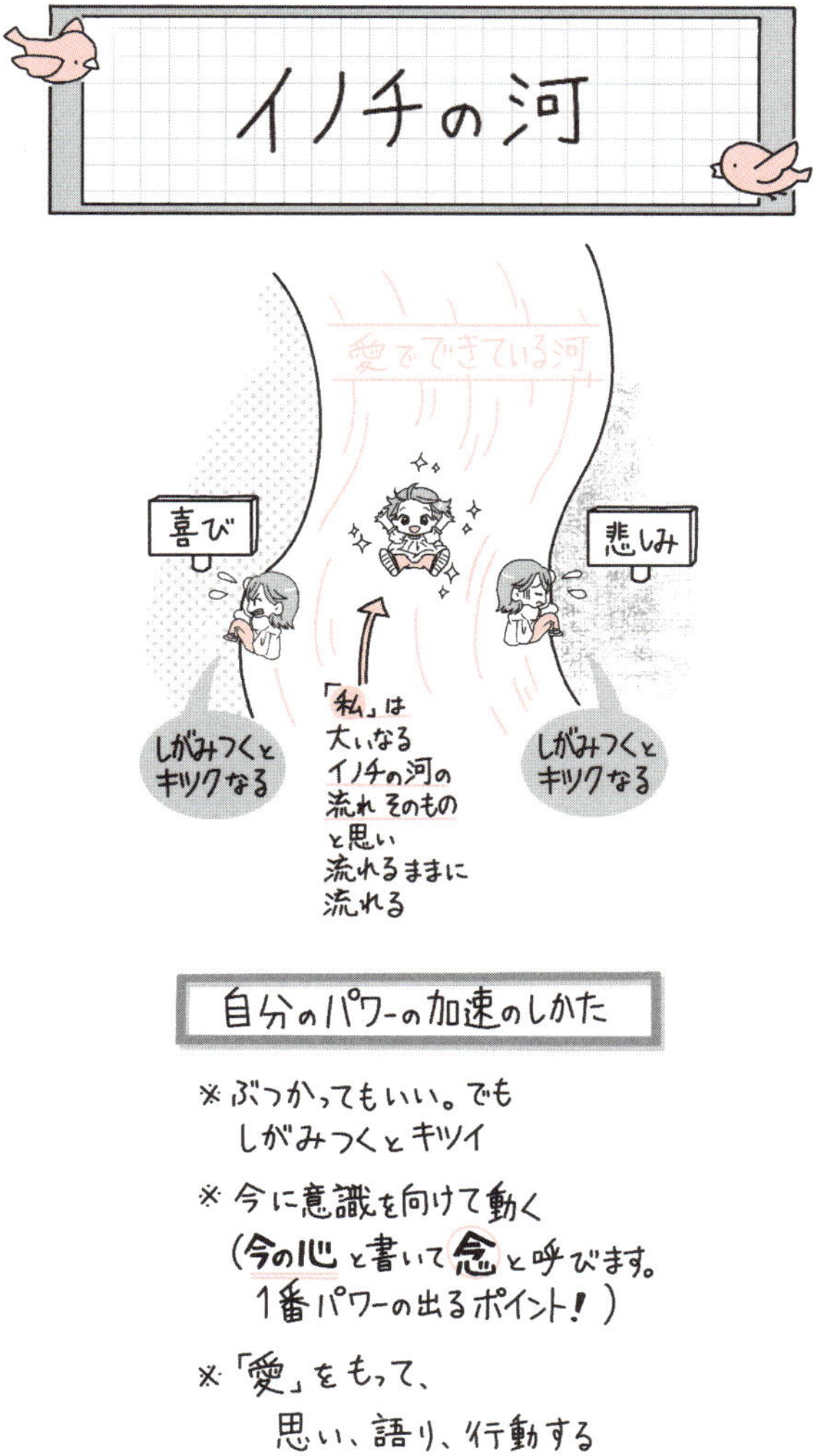

RULE
21
実は、あなた自身がパワースポット！

まだ、何も知らなかった小さなころ、世界は広くて輝いて、夢と冒険に満ちていました。それが大きくなるにつれて、世界はだんだんつまらないものになり、できないこと、やれないこと、無理だと思えることばかり多くなり、色褪《あ》せたものになってしまいました。

いつからそんなふうに思うようになったのでしょう？
誰がそうさせたのでしょうか？
両親？　学校？　社会？　いえいえ、本当は誰のせいでもないんです。
自分がそのように「解釈」しただけ。
無力であると思い込まされていただけなんです。

思い込ませたのは自分。自らの価値と可能性を、思い込みという制限ブロックをかけ、低く見積もりすぎたのです。


真の自分、それはとてもパワフルです。あなたという真実は目の前に見える心と身体を有している自分だけではありません。

あなたは、その内側に、宇宙を有する程のメモリーを持つ潜在意識と、創造性の源とつながる超意識を持つ、偉大なる叡知を内包しています。


そう、**あなたにはパワーがある**のです。これが真実です。

もうそろそろ、集団催眠状態から目を覚ましてもいいころです。

さあ、次のアファメーションを唱えてみましょう。


「私にはパワーがある！」

「アイム パーフェクト！」

こう、はっきりくっきり宣言して、自分は無力であるという、とらわれの枠から自由になりませんか。

もう人生に翻弄される犠牲者として生きるのはたくさんです。

力のないふりをするのもたくさんです。

本当のあなたは犠牲者でもなんでもなく、内なる叡知があなたという身体を使って、この世界に表現していく創造者だったのですから。

私たちが怖れていたのは、究極のところ、自分はパワフルな存在である、ということに気づくこと、認めることだったのではないかとさえ思います。

あなたの本質は内なる叡知であり、神性なる意識であり、「神」「仏」「キリスト」と呼んでいるものと同質のものです。

どこへ行かずとも、何かに頼らずとも、実は**あなた自身がパワースポット**だったのです。

あなたの創り出したい人生はどんなものですか？
あなたという個性にどんな彩りを添えたいですか？
あなたの最高の笑顔を引き出すには、何がどうあったらいいですか？

よくよく考えてみてください。
考えてイメージができたら、ぜひ言葉に出して言ってみてください。
宣言力はあなたの人生を、思いどおりにクリエイトするための魔法の杖です。

さあ、次章にある宣言力で、あなたの夢を叶え、人生を力強くコーディネートしていきましょう！

アイム パーフェクト！
私は素晴らしい！

第4章

あらゆる願いに効く状況別「宣言力」

――最高の「幸せが続く」最強アファメーション33

万能アファメーション❶
——最強のマントラ

アイム　パーフェクト！
私は素晴らしい！

私は完璧ですという意味の「アイム パーフェクト!」に、「私は素晴らしい!」と断言するアファメーションです。

これは自分の中の完全性にアクセスする言葉であり、超意識の奥にある内なる叡知まで、直行直球で届く強力な言霊です。

なぜなら、この「完全、完璧」という概念は、内なる叡知の属性だからです。ここを呼び覚まされると、身体の全細胞をはじめ、まわりにあるすべての存在、事象も含め、その内にある完全性を表そうと「現実」を再構築し始めます。

言い方としては、「アイム パーフェクト! 私は素晴らしい!」はもちろん「アイム パーフェクト!」だけでもいいし、体調を壊したときには、「アイム パーフェクトボディ!」といって身体に特化させたり、恋愛成就のときは、「アイム パーフェクトラブ!」というなど、あとに言葉を続けるのも効果的です。

私にはパワーがある！

内なる叡知にストレートにつながり、力を呼び覚ます強いアファメーションです。

長きにわたって、私たち人間は無力であると思い込まされてきたのです。でも、本当はそうではありませんでした。思考と想像の力を使ってなんでも創り出すことのできる、とてもパワフルで創造的な存在だったのです。

この言葉を言い切ることで、自分たちは無力であると思い込まされてきた呪縛がほどけ、集団的催眠状態から抜け出すことができます。

人生につまづいたとき、落ち込んだときほど、繰り返し言い切ってみてください。口先だけでもかまいません。言っているうちに、内側からパワーがじわじわ溢れてきますよ。

愛しています
ありがとう

愛と感謝の言葉です。この言葉を使うたびに、モノゴトは本来あるがままの状態に向かって加速し始めます。

ちなみに私は、呼吸の吸う息と吐く息に合わせながら、この二つの言葉を心で唱えていました。

自分の体にも、自然にも、出会う人にも、建物にも、最初は口先だけだったのですが、いつのまにか「ありがたい、大好き！」と心から思えるようになり、それにつれて穏やかな心でいる時間が増えました。

ハワイの伝統的解決法――ホ・オポノポノにもあるこの言葉は、本来のあるがままの姿ではないすべての情報（潜在意識）をクリーニングする、素晴らしいマントラです。

大好きだよ
愛しているよ

「愛している」とか「大好き」っていう言葉、照れくさくて恥ずかしいですか？

でも、言われたら、なんだかほかほかしてうれしくなりますよね。

そして、なんだかその思いに自然と応えたくなっちゃいませんか？

このアファメーションをいつも心の中で唱えていると、不思議と、ハッピーで愛がいっぱいになり、楽しくなっちゃうんです。本当ですよ〜。


どうぞ「大好きだよ」「愛しているよ」と、人にも、モノにも、出来事に対しても、言ってしまいましょう。

たとえ、嫌な人、嫌いなコトに対しても言うことができたら（アッカンベーしながらだったとしても！）、状況はグンと好転しやすくなることでしょう。

私は愛　私は光　怖れよ、去れ！

心に何か不安があるとき、私たちは光ではなく闇を見ているものです。
闇は怖れとなって現れ、あなたの心を暗くしていきます。
けれども闇は、光によって照らし出された影であり、実体のないものなのです。
闇は幻影です。そのことを知ったとき、それは消えます。
怖れは、打ち負かされるためにあるのではなく、超えるためにあります。

あなたの本質は光です（細胞内のすべての原子は光子という電磁気の働きによって満たされています）。自分の内なる光にアクセスし、愛であることを思い出し、怖れに対して、きっぱりと「去れ」と命じましょう。
あなたの言葉が、あなたの人生の司令塔です。

大丈夫 すべてはうまくいっている

ピンチや窮地に立ったときに、このアファメーションを繰り返し唱えると、不思議と心が落ち着き、新たなよき展開が起きやすくなります。

すべては超えられることしか起こらないのが、イノチのしくみのようですから、私たちは安心して、困難にあうときは、あっても大丈夫なのです。

ちゃんと、すべてうまくいっていて、乗り超えられるようにできています。

このパワフルなアファメーションが、心の奥にしみていくに従って、ますますあなたの目の前には、充実した人生が展開されていくことになるでしょう。

♪うれし　たのしや　ありがたや♪

このアファメーションは、私が道を歩きながら、よく唱えているものです。

唱えていると、だんだんお囃子《はやし》風になっていくんですね。

♪うれし　たのしや　ありがたや、ア、ホレッ♪　うれし　たのしや　ありがたや、ア、ホレッ……と延々と続くのです（「うれし」のコトバを言う前に、一文字分だけ小休止してくださいね）。気分はなぜか七福神。

どんどん陽気な気分になってきて、歩いているだけで、息をしているだけで、生きてるだけでまるもうけ！　なんていうノリにまでなってきます。

もし、人が見ていなかったら、小さく手振りまでつけているかも（汗）……。

日本風のリズムはやはりＤＮＡが覚えているのかもしれませんね。

とても気持ちいいので、ぜひとも普段使いにどうぞ！

万能アファメーション❽

どうぞなるように　なりますように

あなたが放ったアファメーションのあとに、いつもつけ加えることをおススメします。

このアファメーションは、自分のエゴから出た執着や期待といった不要な波動を打ち消していく役割を果たします。

身体でいえば、肩に入った余分な力がふっと抜けて柔軟でしなやかな身体に戻ったという感じでしょうか。

この言葉をひと言つけ加えるだけで、あなたは本来のあなたとつながる、ニュートラルポジションに戻ることができます。

すべて内なる叡知にゆだねます

前述の「どうぞなるようになりますように」に続く、ニュートラルポジションに戻る第二弾です。より直接的表現といえます。

期待も執着も願望も皆、いったん手放し、すべてを統括する内なる叡知に委ねてしまうのです。

そうすると、一番良いことが、良い時期に、もっとも良い形であらわれることになります。

やれることをやったあとは、すべてを内なる叡知におまかせし、宇宙を信頼して、ゆったりと待ちましょう。

運がいい人生を歩むために①

私って いつも 運がいい！

運がいい人生を歩むコツは、自分はいつも運がいい！　って先に言ってしまうことなんです。

「なんて単純なの？」と思われるかもしれませんが、これが真実なんですね。

私っていつも運がいいと言っているうちに、本当によきことを引き寄せやすくなります。

ということは、反対のことばかり言っていると、その反対が起こりやすくなってしまいますから要注意。もし、すでに「自分はツイていない」とか「運が悪い」って言ってしまっているとしたら……。

残念ながら放った言葉は戻ってこないので、たった今から言葉の質を変えて、今から起こるすべてのサイクルを、よきものへとチェンジさせてしまいましょうね。

運がいい人生を歩むために ❷

私は 何をやっても うまくいく！

前述の「私っていつも運がいい」に続く第二弾です。

私は、ある時期からこの言葉を唱え始めたのですが、いつの間にか本当に、心からそう思えるようになりました。そして、やっぱりそうなっていくのです。

たとえ、一見うまくいかないようにみえることでも、そのプロセスを経ることで、結果として、さらなる良い流れを引き寄せることがわかりました。

だから、安心して失敗していいし、まわり道してもOKなのです。

なにをやっても、どう転んでも、うまくいっている。それ以外のことは起こっていないのです。

私は生まれながらにして豊かです
私は○○の豊かさを
恵みのもとにあらわします

私たちは本来、生まれながらにして豊かな存在です。

そのように創られていたのです。

私たちは無意識のうちに、質素は美徳である。豊かになってはいけない、という思い込み（呪縛）の拘束服を着せられていました。もうそろそろ脱いでもいいころです。

私たちが豊かでいるというのは、内なる叡知の恵みを享受するということでもあります。

使い方としては、○○のところに、あなたがいま望むもの——お金であれ、モノであれ、人間関係であれ、好きなものを入れていってください。そして、いま目の前にあること、しなくてはいけないことを、心を込めて、淡々とやっていってください。

すると、一番よい形で一番よいときに、ちゃんと「それ」はやってきます。

私は　富を　受け取ります

富というのは、何も物質的なものばかりではありません。

私たちの心の富は愛となってあらわれますし、身体の富は健康です。

物質としての富は、お金だったりモノだったり、目に見える何かになります。

富んでいるのは、どこか軽蔑すべき卑《いや》しいことではなく、同様に、失うかもしれない怖れの対象物でもありません。

それはただただ受け取って、あなたという栄光をあらわす道具なのです。

あなたの富を受け入れることを、あなた自身に許してください。

あなたは生まれながらにして豊かであり、さらにそれをこの世界でも物心両面であらわすことができる、これがイノチの真実です。

私は　あふれる豊かさの泉です

シンプルで美しいアファメーションです。

あなた自身が清らかな泉であり、そこからあふれるほどの愛、富、完璧なる自己実現、健康……、すべての豊かさがこんこんと湧き出ています。

それは、汲めども尽きぬ無限の泉。

あなたの水は愛に浸され、そこから、あなたとまわりすべてに供給することができます。

イメージを持ちながら唱えると、さらに効果的です。

天晴《あっぱ》れ　天晴れ　えんやらやー

唱えるだけで、めでたい気持ちになれる和風アファメーションです。

「あっぱれ」を漢字で書くと「天晴れ」となります。文字どおり、天が晴れているんですね。

天が晴れると心も晴れる。笑顔で顔晴《がんば》れ、日本晴れでございます。

ところで、「えんやらや」って古代ヘブル語でどんな意味か知っていますか？

なんと「我、神を賛美します」という意味なんです！

「神」を外にも内にも見出すとしたら、エンヤラヤーと言いながら、自分自身の神性なる意識をも祝福してしまっているというわけです。

実はこのアファメーションは、「七福神祝詞」という中の一節からとっているのですが、唱えているうちに、ひょっとするとあなたのもとに七福神や宝船がやってくるかもしれませんね⁉

※「七福神祝詞」の詳細は、（社）あけのうた雅楽振興会のウェブサイトをご覧ください。
https://www.akenoutagagaku.com

朝起きたときに

素晴らしい朝をありがとうございます
今日も私も家族も出逢う人も
皆が幸せでありますように
今日一日が感動感激の
ミラクルな一日でありますように

私は朝起きてすぐに、心の中でこの言葉を唱えるようにしています。

家族の顔や気になっている人の顔をひとりひとり思い浮かべ、その人が最高の笑顔でニコニコしているイメージをします。

そして、今日という一日が、感動感激に包まれたミラクルな日になることを祈りながら、こうして無事に朝起きられたこと、始まる一日のすべてに感謝をしてから、朝のスタートを切るようにしています。

すると、本当に素晴らしい一日になることが多いのです。時間的には一分もかからないと思うので、起きがけにお布団の中でやってみるといいですよ。

夜寝るときに

今日という素晴らしい一日を
ありがとうございます
今日　私が体験できた
すべてのことに感謝します
どうぞ私もまわりも地球さんも
すべてが栄えていきますように

朝に引き続き、寝るときにもアファメーションを唱えてから寝るようにすると、一日が感謝で終わり、気持ちよい眠りにつくことができます。

出逢った人、行ったこと、感じたこと、そのすべてがあなたを明日へと導き、成長を促します。あたたかいお布団の中で、安心して眠りにつきましょう。

そして、すべてが栄えていくことを願って目を閉じると、きっと明日もいい日になりますよ！

出会いに感謝します
あなたとわかち合う時間が
素敵なものとなりますように
出逢ったあなたが
ますます幸せでありますように

このアファメーションを唱えてから人と会うと、本当に素敵な時間になりやすいことがわかりました。

会ったあとに唱えると、それ以降も素敵な関係を築きやすくなります。

世界中の約八〇億人といわれる人の中で、実際に出逢え、触れ合える人はごくわずか。いただいたご縁を大切にしましょう。

そうして出逢ったご縁をとおして、相手の幸せを祈ること。

この想いが、あなたをますます豊かに幸せにさせてくれるのです。

絆を深めたいときに

私は大地で　つながっている

人との絆を深めたいとき、コミュニケーションを図りたいときに、使えるアファメーションです。もし、苦手だなあと思う人がいても、私たちは足の裏をとおして、大地に接触し、つながっているのです。

絆は「気綱《きづな》」。相手と心を通わせることができたら気の綱ができ、相手とエネルギー的につながることができるのです。

このアファメーションは、人だけではなく、モノや自然、動物に対しても使えます。私とあなた、私と子猫、私と建物、私と木、みんな大地にいだかれ、大地をとおしてつながり、支え合っています。

絆を深めて、交流し合い、あなたの人生をますます豊かなものにしていきましょう。

緊張してしまうときに

私の身体は　やわらかい

この言葉は、私の友人である体育の先生から教えてもらいました。

緊張したときに、この言葉を唱えてから、ものごとにのぞむと、途端に身体がふっとゆるむんです。誰かと心を通わせたいとき、構えてしまうときにも役立ちます。

きっと身体がゆるむにつれて、心もゆるんでくれるのでしょうね。

さあ、これからやるぞというときにも、ひとこと言ってから臨むと、余計な力が入らない状態で、最大限の効果を引き出すことができるのでオススメです。

お金を得たいときに ①
——お金が入ってきたとき

お金さん 来てくれてありがとう
大切に扱います

通貨は英語で「CURRENCY」といい、「流れ」という意味も持っています。

お金というのは、物質世界において力のある、循環するエネルギーです。

お金は物質世界における豊かさの象徴で、このエネルギーを使って、ますますすべてを栄えさせていくことができるのです。

だから、その豊かさの象徴が自分の手元にやってきたときは、感謝と敬意をもって、大切に扱ってあげましょう。

貯めるのであれ、すぐ使ってしまうのであれ、そうした態度で接するのです。

人であれ、モノであれ、大切にされればうれしいと思いませんか?

お金を得たいときに②
——お金を払うとき

お金さん　いてくれてありがとう
いってらっしゃい　よい旅を！
できればお友だちを連れて戻ってきてね

もしあなたがお金だったら、どういう人のところに行きたいですか？

私だったら、大切に扱ってくれる人、そして旅立ちを気持ちよく応援してくれる人のところへ行って、みんながニコニコできるために役に立ちたいなぁって思います。

そうして送り出してくれる人がいたら、ほかのお金さんたちにも「あの人のところはいいよ～」って伝えたくなるんですけれど……、あなたはいかがですか？

このアファメーションを唱えるとき、私はお金というものを構成している原子さんの意識に向かって語りかけます。

最後の一文に「できれば」という言葉をつけ加えたのは、お金とは執着を生みやすいものなので、控え目なひと言を入れ、お金さんの自由な気持ちにまかせることで、エゴを最小限に抑えたいと思ったからです。

私はお金に使われません
私はお金を使う側にまわります

このアファメーションを唱えてから、お金に対する考え方がガラッと変わりました。それまでは、使うときに「もったいない」とか「少なくなる」という欠乏の意識が生まれていたのですが、以来、気持ちよく使えるようになりました。

お金というエネルギーが、この世界すべての豊かさのために働く道具であると考えるようになり、エネルギーの滞《とどこお》りを起こしたくない、と思ったことが一因かもしれません。

ありがたいことに、このアファメーションが自分の心の中で浸透してからは、本当に「お金に使われる」ということはなくなり、自分にとって必要なだけのお金が、必要なときに、必要な形でちゃんとやってきて、「使える側」にまわることができるようになりました。

洗顔するときに

私って かわいい！
私って 素敵！
いい笑顔、サイコー！

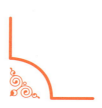

朝晩の洗顔時に、鏡を見ながら宣言すると元気が出ます。

声に出して言うのが恥ずかしかったら、心の中で言うだけでもかまいません。

この言葉を表面の自分だけではなく、奥深くにいる自分の意識にも聞かせてあげることで、あなたは内側からも外側からも輝いていくことでしょう！

「いい笑顔、サイコー！」と言ったあとは、鏡に向かってニコッと笑いましょうね。

笑顔は心を緩《ゆる》ませ、自分もまわりもクイックに幸せを運ぶ最高のクスリです。

食事をいただくときに

天地の恵み　人の愛に感謝します
この恵みが
私たちをますます元気にしてくれます

いただきますと言う前に、このようなアファメーションを唱えてから食事をとると、いま目の前にある食べ物が、貴重でありがたいものだということを感じながら食べることができます。

「食」という字は「人を良くする」と書きます。さまざまなイノチがあなたのイノチとなってふきかえられ、いろんなイノチの代表者となったあなたが、この世界で責任をもって、より良く生き、生かされていくのです。

たくさんの恵みに支えられて、私たちは今ここにこうしていることができるのですね。うれしい！

ダイエットをしたいときに

美味しい食事をいただきます！
この食事は心の栄養にはなっても
身体のお肉にはなりません

食べるって、楽しいですよね。

美味しいものをいただくと、それだけで幸せな気分になります。

けれど、そのあと「食べ過ぎた～、太ったらどうしよう？」と冷汗……。

こんな場合にオススメのアファメーションです。

食べた物を、心の栄養として昇華してもらって、身体のお肉として消化しなくてもいいですよ！　と自分の内側に命じるわけです。

私はこの方法を使って以来、バイキングを食べようが、食べ歩きしようが、まったく平気になりました（太ることもなくなりました）。

ぜひお試しあれ！

怖れが湧き上がるときに

怖れるな！

人はときに不安や恐怖、心配で身動きが取れなくなってしまうことがあります。

怖れは、まず自分の心の中に巣をつくり、そしてじわじわと蝕《むしば》んでいくのです。

そうなると、本来あるべき自分の力が出しにくくなります。

こんなときは、はっきりくっきりと自分の心に命じましょう。

「怖れるな！」

とてもシンプルで短い言葉ですが、心の中心からスパッと剣が現れ、怖れという闇を切ってくれるパワフルなアファメーションです。

できる やれる 必ずそうなる！

叶えたい望みに対して、力強く言い切って前進力を高めるアファメーションです。

不安が湧き上がったり、自信がなくなったり、やる気が失せそうになったときにも使えます。それはちょうど最初の発願《ほつがん》（始めに発信したやる気に満ちた状態）にエネルギー状態を戻して進んでいく感じです。

自分の望む状態になるまで、このアファメーションを何度も唱えましょう。

そして、思い、語り、行動を続けましょう。

ただ、その内容がエゴを増幅するものでないように、最後に「なるようになりますように」など、天に委ねるアファメーションを加えることで、より加速することでしょう。

喜んでくれて ありがとう！

自分で喜ぶのもうれしいけれど、自分がしたことで誰かが喜んでくれたら、もっと深く喜びが湧き上がる。どうも人は、こんなふうに喜びのレベルが進化していくようにできているようです。

喜んでくれて、うれしい、ありがとう！　といった謙虚で真摯《しんし》な気持ちが、さらなる喜びをつれてやってきて、幸せが伝染していくのです。

望みが叶っていく奥底の力は、それが叶うことによって、まわりにとっても幸せが拡がっていくかどうかが肝要です。

あなたのまわりの人の笑顔が見られるように、誰かが喜んでくれるように、自分の行動を見つめてみましょうね。

気持ちのゆとりがないときに

私は、私が心地よく暮らすための時間をつくることを自分に許します自分のことって一番気になるくせに、なぜか自分のことはあとまわし。

そして、いつのまにかストレスがチリのようにたまり、気がついたときには、心も身体も重くなってしまっている。

そんな自分に気づいたら、ぜひこのアファメーションを唱えてみてください。

顕在意識をとおして、自分自身が心地よい時間を過ごすことを、内側の自分に語りかけて、許してあげることで、自信を持って、その時間を自分のために使うことができます。

生真面目な人ほど、効果的な言霊です。

理想のパートナーとめぐりあいたいときに

私は最高のパートナーと出逢いました
この恵みに感謝します

あなたにとって理想のパートナーはどんな人ですか？

それをまずイメージしてみてください。

イメージができたら、その特徴を紙に何十個でも書き出してみてください。

そして、その人の隣りにいる自分を思い描いてから、このアファメーションを唱えてください。

唱えながら、それにふさわしい自分の姿もイメージしてみましょう。

次は、その自分のイメージに近づくように、心と言葉と行動をそろえていくのです。アファメーションを唱えながら、実践していくたびに、あなたの輝きは増し、理想のパートナーが姿を現すことでしょう！

健康を害したときに

私は本来の姿になり
輝く健康体であふれています
ありがとうございます。

私たちは本来、心魂体ともにパーフェクトな存在です。

もともとのあるがままの姿、本来の形に戻ると、私たちのボディーも必然と健体であふれるようになります。

まずは自分の病んでいる部分に（それは「愛と光」が欠如している部分なので）気遣えなくてごめんね、（表してくれて）ありがとう、と言ってから、内なる自分に聞いて、きっぱりとこのアファメーションを唱えましょう。

心も身体も健康でいること、毎日を快適に過ごすことは、あなたにとっての素晴らしい贈り物です。

ぜひ享受して、あなたらしいかけがえのない人生を謳歌していきましょうね。

ユーアー パーフェクト！　アイム パーフェクト！

内なる叡知から、イノチのきらめきを表してもらいましょう。

最高の人生を歩むために

私は　最高で完璧な人生を歩んでいます
すべての恵みを祝福します

あなたが今、ここに、こうしているということ。

それは天からの大いなる祝福であり、あなた自体がその恵みの表れなのです。

あなたはあなたの自由意志によって、どんな人生も選び取ることができます。

どんな航路を歩むにせよ、あなたが真にいる場所は光の中であり、闇は幻影の一部に過ぎません。


あなたは光。あなたは愛。

すべては美しく完璧に運ばれています。

あなたに乾杯。ライフ イズ ビューティフル！

おわりに

のびやかに、軽やかに、人生という舞台を愉しむ！

みなさん、最後まで読んでいただきありがとうございました。

この本は、今まで私自身が書きためていた数十冊のメモ帳が元になっています。私は昔からメモ魔で、誰かと出逢って感動したひと言や本からの抜粋、内なる心との対話の中でひらめいた想いなどを、どんどん小さな青いノートに書き込んでいく習癖がありました。

そして、ことあるごとに開いては、自分に聴かせるように音読していたのです。特に気に入ったものは、新しいノートに変わるたびに再び書き入れ、幾度となく読み返していました。

そのうちにすっかり暗記してしまい、いろんな場面でつぶやいては、感情の整理と心の方向性を確認するのに役立っていました。

ノートに書き込んだ言葉を読むと、決まって勇気や元気をもらいます。けれども本当は、言葉たちの向こう側にある、語った人自身の汗や努力までもが一緒に流れ込んでいたから元気になったんじゃないかなって思うのです。経験に裏打ちされた言葉の重みは、たとえ何気ないひと言であっても、相手のふところにドンと届くもの。

きっと、深いところでイノチが響き合っていたのかもしれませんね。

かつて誰かが涙を流しながら紡いだ言葉が、時を経て今の私たちを癒してくれたり、誰かの喜びがこだまして、見知らぬ誰かに幸せのスイッチを入れたりもする言葉の持つ力ってスゴイ！

とりわけ、シンプルで明瞭に宣言力を使うことは、深い意識にまでスパーンと届く剣《つるぎ》のようなもので、パワフルで効果的な言霊です。

第4章には、さまざまなシーン別アファメーションが載っていますので、どしどし宣言して、豊かな人生を送るための具体的なツールとしてご活用くださいね。

もちろん、自分なりに作ったアファメーションでもオッケーです。

勇気とパワーの出るマイ・コトダマが増えるたびに、あなたには強力な応援団がぞろぞろと列をなしてやってきたのと一緒（！）ですから。

さて、この本を書くにあたり、最も伝えたかった想いを書きます。

それは、自分自身を生かす本当の力はすでに内側に備わっていて、私たちは本来とても豊かでパワフルな存在なんだよ、ということ。

自分の本質であるイノチ（魂）は、あらゆる出来事をすべてお見通し。その人がもっと人間的に成長するようにと、最も必要なときに必要なことを必要な分だけを起こして、魂の成長を促してくれているってことなんです。

だから乗り超えられる課題以外はやってこないし、その出来事をとおして必ずや成長することが約束されているものばかり。

すべてはもっとよくなるためのレッスンなので、悩んでも泣いても、ちゃーんと前に進んでいるから大丈夫なのです。


ところで、私たちのイノチの成分は何からできているか知っていますか？

答えは「愛と喜び」。

そう、私たちがここにやってきたのは、愛をもっとわかち合いたくて、喜びをもっとわかち合いたくて、皆と共に生まれてきたというわけです。


この星は、肉体をもってイノチの喜びや豊かさを味わい、愛を体現する映画館のようなもの。上映映画の監督＆主人公はあなたです！

どうぞ宣言力を使って、自らの人生をデザインし、わくわくするシナリオを書いて最高の映画を創り、演じていきましょうね。
本書が、そんなあなたの豊かな生き方を応援する一助となれば幸いです。

最後になりましたが、敏腕編集者でもある出版社きれい・ねっと代表の山内尚子さん、制作指揮をとってくださった中山和孝さん、素敵な装丁デザインを手がけてくださったeastgraphyさん、的確で楽しいイラストを描いてくださったまゆねさんに、心より感謝申し上げます。また、いつも大きな愛で支えてくれる友人たち、家族、そして数ある書籍の中から本書を手に取ってくださったあなたとのご縁に感謝します。

ありがとう、大好き！
どうぞますます豊かで皆栄えていきますように。

2024年8月

真っ青な青空の中で　はせくらみゆき

はせくらみゆき

画家・作家・雅楽歌人。

生きる喜びをアートや文で表すほか、芸術から科学、哲学まで、幅広い分野で活動をするマルチアーティスト。国内外での個展の他、執筆活動、講演、セミナーなどで活躍中。芸術活動においては、2017年にはインド国立ガンジー記念館より芸術文化部門における国際平和褒章を受章。2019年には国際アートコンペ（伊）にて世界3位、翌年のコンペ（英）では2位となり、現在、日本とヨーロッパを行き来しながら活動を続けている。

著書に「ガイアの祈り―はせくらみゆき画集」（きれい・ねっと）、「9次元からの招待状―言霊と科学であなたの世界が変わる」（きれい・ねっと）、「縄文からまなぶ33の知恵」（徳間書店）他、60冊程の著作がある。

Accademia Riaci 絵画科修士課程卒（伊）。英国王立美術家協会名誉会員。日本美術連盟所属。（社）あけのうた雅楽振興会代表理事。北海道出身、三児の母。

はせくらみゆき公式 Website

https://www.hasekuramiyuki.com/

望む未来が手に入る
最強アファメーション **33**

夢を叶える
宣言力

この星の 未来を創る 一冊を
きれい・ねっと

2024年 9月 9日 初版発行
2024年 10月 10日 初版二刷

著 者 はせくらみゆき
発 行 人 山内尚子
発 行 株式会社 きれい・ねっと
〒670-0904 兵庫県姫路市塩町91
TEL：079-285-2215 / FAX：079-222-3866
https://kilei.net

発 売 元 株式会社 星雲社（共同出版社・流通責任出版社）
〒112-0005 東京都文京区水道1-3-30
TEL：03-3868-3275 / FAX：03-3868-6588

イラスト まゆね
デザイン eastgraphy
印刷・製本所 モリモト印刷株式会社

ISBN978-4-434-34543-2